【推薦序一】

感受緬甸獨特的自然文化

一晃，認識鄧予立先生十多年了，隨著接觸和交流的增加，對他有了更多的瞭解和由衷的敬意。用四句話概括：

滿頭銀髮智慧豐富，金融專家外匯教父，
商旅五洲朋友無數，豁達陽光君子風度。

我眼裡的鄧先生集七家於一身。

一、金融家。鄧先生先後在浙江興業銀行香港分行、交通銀行、美國花旗銀行香港分行工作。一九九〇年與友人創辦亨達集團，經營金融服務業，目前在十四個國家和地區設有十七家分公司。

二、旅行家。鄧先生為自己定下旅行一五〇個國家的目標。在工作之餘，暢遊四海，行走於壯麗山河，至今已去過一四六個國家。

三、攝影家。鄧先生每到一地旅行，即寫成一段文字，拍攝一組照片，發給一群朋友。他已在十多個國家和地區舉辦了二十多場個人攝影展。特別是今年，新中國成立七十周年大慶，他分別在北京、福州、臺灣、洛杉磯、倫敦等五大洲舉辦《錦繡河山》巡迴攝影展，宣傳改革開放成就以及祖國壯麗河山。

四、作家。鄧先生博覽群書，勤於筆耕。從二〇〇〇年至今的十九年，共出版了十五本著作。內容涉及金融、旅行以及時事政評等諸多方面。他既有現代企業家敢闖敢拼、追求卓越的雄壯氣魄，也有儒家文化中「讀萬卷書，行萬里路」的境界追求。

五、收藏家。紅酒系列有年度，鋼筆外套赤壁賦（微刻曹操赤壁賦），奇石天然如雕塑，琳琅滿目量無數。鄧先生自九〇年代開始收藏歐洲名牌鋼筆，三十年來搜羅了逾千支。自七〇年代就有尋找礦石的愛好，從旅途中撿拾或收購到世界各地礦石五千多件。

六、慈善家。鄧先生從二〇〇九年起，每年在北京、陝西、山西、廣東等地贊助希望小學。對揚州江都等地孤貧特困戶慰問捐助。對汶川地震、鹽城龍捲風等救災捐款。

七、社會活動家。鄧先生熱心社會事務。任北京市政協港澳台僑工作顧問、中國和平統一促進會理事、中華海外聯誼會理事、北京中華文化學院教授、瑞士華商會創辦人兼會長、亞太台商聯合總會永遠榮譽總會長。他還是東羅馬王國拜占庭王室亞太之星勳爵士。

我用八句話概括對鄧先生的印象：起步供職在銀行，外匯交易名聲響（被稱為外匯教父），周遊列國獨自闖，美的瞬間留影像，圖文並茂書分享，紅酒鋼筆奇石藏，樂於捐獻心善良，熱愛祖國擁護黨。

此次，鄧先生遊歷緬甸，並著成《晨曦下的萬千佛塔：老玩童遊緬甸》一書，描繪緬甸兩千五百年歷史帶來的深厚積澱。無論是仰光大金塔、孟邦大金石等佛教之國的獨特文化，還是茵萊湖等地夢幻壯美的景致，亦或是曼德勒皇宮、敏貢古城等歷史遺蹟，都在向人們展示一幅幅寧靜祥和的美麗畫卷。

同時，鄧先生在字裡行間還記敘了緬甸開啟與外界交流接軌以來的變化。當地商業、旅遊業日益興起，國民正逐步進入新的生活形態。鄧先生用平實生動的文字，帶領讀者身臨其境感受緬甸獨特的自然文化，體會這個古國遁世與入世的交替變換。

鄧先生在書中記敘，自己借助熱氣球，從另一個角度欣賞破曉時分茵萊湖從沉睡至甦醒的過程。而鄧先生的書，也正如那個熱氣球，讓我們從另一個角度，欣賞緬甸清幽獨特的美，閱讀到這個失落國度從沉睡至甦醒的過程。

最後，借用鄧先生書中的一句話：緬甸，未到過的朋友們，請務必來一趟。《晨曦下的萬千佛塔：老玩童遊緬甸》這本書，未讀過的朋友們，很值得讀一讀。

紀春明

原揚州市人民政府副市長、揚州市人大常委會副主任

二〇一九年十一月一日

【推薦序二】

最美的風景在路上

世界是一本書，而不旅行的人們唯讀了其中的一頁。——奧古斯狄尼斯

曾經，我聽過這樣一句話：一段新的旅行，仿佛是一次重生。旅行不單是一種可以帶來開闊眼界、遊覽風光、廣交朋友等多種益處的生活方式，它更是人與自然共生和諧的一種內在需要。而每一次出門，每一次踏入一個不同的環境，對於自己而言，就是一次重生。

我與鄧先生相識已有十餘年，我與他均是北京市政協港澳委員。鄧先生最早在香港從事金融行業，圈內都稱他為「外滙教父」。他有著金融家所特有的那種細緻、謹慎，同時他也是一個性格開朗、熱情樂觀的人。更令人驚喜的是，他渾身卻都散發著藝術的氣息。多年來他周遊列國，將自己的感受用文字和圖片記錄下來，並將之以書本和攝影展的方式與大家分享。緬甸，是鄧先生踏足的第一四三個國家（目前已旅遊一四六國），這本書也是他的第十二本博文集。鄧先生一直堅持著用有限的時間，去開啟無限的旅程，實屬不易。

我也熱愛旅行，並且能夠深刻體會到歌德所曾說的：「人之所以愛旅行，不是為了抵達目的

地，而是為了享受旅途中的種種樂趣。」所以當鄧先生邀我為他的《晨曦下的萬千佛塔：老玩童遊緬甸》作序時，我內心感到受寵若驚。因為，我能第一時間看到這些文字，從字裡行間去感知這一趟旅途中的種種經歷，這對我而言，無疑是一趟心靈的旅行。

全文讀下來，不過四萬餘字，相較現在動輒十餘萬的小說、散文集來說，它應算很薄了。但它又很厚，書中不僅寫自身遊覽過程中的所見、所聞、所感，更是提及了緬甸的過去、現在和將來，詳盡介紹這個國度的歷史、文化、建設以及政治、經濟改革等等，讓人對這個國度瞭解得通透、全面。

文中描述的各處人文、自然景觀，無一處不讓人心動。而我印象最深的莫過於茵萊湖區的景色。中國古有陶淵明的世外桃源，而本書描述的茵萊湖也給人一種雞犬相聞、怡然自樂的和平安逸畫面。鄧先生更是提到湖中村落的環境已漸現汙染跡象，由此可見，鄧先生之書，並非僅僅描述遊山玩水。他更希望通過自己的文字，感召當地居民和單位，以及外國遊客能意識到環保的緊迫性，並開始做出改變，保護緬甸國度的這一「世外桃源」。

在鄧先生筆下，緬甸，這個古老與現代相伴相隨的魅惑國家，正散發著獨一無二的魅力，讓我也感受到它的靈魂與悸動，沉浸其中，久久不能出神。這，或許就是歷史沉澱的力量。

我能提前拜讀這些文字，讓心靈再一次踏上旅程，實屬有幸。略有所感，謹以為序。

馬春玲

全國工商聯十二屆執委
中國人民政治協商會議北京市政協港澳委員
二〇一九年十月二十六日晚，北京

【推薦序三】

透過鏡頭一起漫遊

鏡頭，是我與鄧主席相遇的起頭。

還記得二〇一八年，Leica Store Taipei非常榮幸收到鄧主席的邀請，一同參與《原・野》攝影展的台北站，透過展覽中的照片，我彷彿就站立在大草原上，經歷了一場非洲大冒險。而鄧主席前一本作品《老玩童漫遊阿拉伯》，攝影展中那令人難以忘懷的照片立體背板，超大尺寸輸出，震撼的影像使人身歷其境。鄧主席總是樂於分享旅程中的故事，眼神中不斷流露出對世界的熱情。

鄧主席是大家口中的外匯教父。而當手中拿著徠卡相機，透過鏡頭捕捉眼前景色的鄧主席是一位紀錄者、攝影師、藝術家，更是一位冒險家，有著熱愛旅行的靈魂，和一雙發現世界之美的眼睛。

緬甸，對於我來說是陌生且遙遠的神祕國度，但透過本書隨著鄧主席的腳步，從陸路到水路甚至空中搭乘熱氣球，一層一層揭開緬甸神祕國度之面紗。旅程中各樣的臨機應變，我深信讀完這本書，任何人都能深深地被鄧主席那勇於冒險的心所感染。而一張張照片，更開拓了眼界，堆疊出一片片回憶。

影像是人類最重要的紀錄方式之一，透過影像我們了解歷史，也看見足跡未曾到達之地的美麗與新奇。或許各樣的因素使我們不停地在忙碌的城市中奔波，但透過文字與照片，我們隨時能夠跟著鄧主席的腳步，穿梭在世界的每個角落。

緬甸之行，鄧主席離目標旅遊一五〇個國家更靠近了一步。跟著這位旅行達人，來一場深度且精彩的緬甸行吧！

張義雄

Leica Store Taipei總經理

【推薦序四】

從心出發　步入輝煌

鄧予立先生每年一本的新作又如約上市了。有幸得鄧先生邀請為緬甸遊記作序，不勝惶恐。

本書沿襲鄧先生一貫的獨特視角，將眼光投注在對大多數人來說既熟悉又陌生還略顯神祕的國度——緬甸。書中有對緬甸建築、人文習俗繪聲繪色的細節描繪，也有身在其中的親身體驗；既有對歷史、宗教傳承的詳實講述，也有對緬甸人民民族情感的理解和關愛。

鄧先生通過引用歷代詩人如陶淵明、王勃和李後主的名句來抒發自己的情懷，也借用了陳毅元帥的詩句貼切道出了茵萊湖和老蒲甘的美景，厚實的國學根基和對當代文化的稔熟程度可見一斑。他更憑藉對流行文化的留心觀察和良好吸收，流暢自如的借用流行歌手朴樹演唱的歌曲《平凡之路》的歌詞來表達自身感受。同時我也驚奇於他對西方文學之涉獵：借用英國詩人吉卜林和作家毛姆對大金塔和蒲甘佛塔的描繪，使人頓有身臨其境的親切感。

遊記中的所有照片，亦都是鄧先生自己的精心之作。書中幾次提到捕捉日出和日落美景的往返行程，折射出了他對攝影藝術的熱忱追求。正是憑著這份熱情和堅持，才使我們有機會欣賞到如此壯觀美麗的精彩畫面。

鄧予立先生通過他中西合璧的文化素養，細膩傳神的描述手法，圖文並茂的表現方式，為我們勾勒出了緬甸鮮活而清晰的國家輪廓，金碧輝煌的寺院文化和積極向善的人文場景。

像鄧先生系列文集中的其他作品一樣，這本緬甸遊記不僅使人增長了見聞，同時以文會友，使讀者從書中領略到了他獨特的人格魅力和才華。

加入亨達集團十五年，我對鄧先生獨特的人格魅力和過人才能深有體會。我把他們總結為「三心」和「三力」：

三心——

勇敢的心：凡事敢為天下先，勇於進取，不畏險阻；

真誠的心：待人真摯誠懇，寬容大度；

探奇的心：視角開闊，不斷探索，積極向上。

三力——

洞察力：具有敏銳的觀察能力，事無巨細，均能捕捉到事物的本質特點；

決斷力：遇事果斷，決斷力強；

交往力：為人親和，重情重義。

正是通過運用自己超凡脫俗的人格魅力和過人的精力和能力，鄧予立先生使自己成為一個名副其實的旅行家、收藏家、攝影家及遊記作家，更是在自己的專業領域——外匯交易方面成為業界翹楚。此書出版發行之時，恰逢亨達集團成立三十周年暨紐西蘭公司成立二十周年之際，藉此機會也衷心為集團送上一份感恩和祝福，期待未來更美好！

韓鈞

亨達（紐西蘭）有限公司行政總裁

【推薦序五】

彷彿親身走了這一趟旅程

老伴——鄧予立今年又有新書《晨曦下的萬千佛塔：老玩童遊緬甸》，邀我為他寫序。

過去十年來，他定下了一個目標：每年出版一本遊記雜文，至今已經是第十二本了。請我寫序還是頭一回。二〇二〇年是格外值得慶賀的一年，距離我倆一九七〇年在銀行任職時相識，正好是第五十個年頭；我倆由同事關係進展為伴侶關係，今年是人生伴侶旅程第四十年的「紅寶石婚」；二〇二〇年也剛好是鄧先生創立亨達集團的第三十周年，更是老鄧邁入「古稀之年」的七十周歲。對於老伴而言，二〇二〇年正是喜事重重，為他的新書寫序，自然是無法推辭了。

自二〇〇八年，老鄧卸下亨達管理的重任後，一直貫徹他「活在當下、積極人生」的理念，展開了雲遊四海。他甚至立下宏大的目標，想在七十歲生日來臨前，完成走過世界一五〇個國家的願望。據他的統計，至新書出版時，他已旅遊了一四六個國家，與訂下的目標相距甚近。我也借此祝賀他早日達成這個心願。

可惜我無法成為他環遊世界途中的旅伴，我惦量自己的體力，無法跟上他的健步如飛，以及研究旅行的歷史、人文和景貌的興致。唯有在背後默默給予支持和祝福，守護整個家庭，並為他創立的事業把守最後一關，俾能讓他敞開心扉遊玩於世界天地之間，開拓視野之餘，為公司努力開山劈石，創立更多的海外據點。

我二〇一七年隨國際華商協進會前往緬甸參加第十四屆世界華商大會，回來後把這個佛教古國介紹給老鄧，未有料到他二〇一九年就動身出遊該國，旅遊的景點和城市比我更多，更深入了解該國的文明與文化。回來後，我目睹他花了三、四個月時間，每逢公餘假日，伏案揮筆，把親身經歷寫成一篇篇的遊記。我在寫序前，通覽文稿，他深入淺出，用通俗的文字紀錄了他的行旅，正好為我回憶年前走過的「緬甸之路」，而且又豐富了我對「佛國」的認識。無論是場面浩蕩壯觀的千人僧飯、烏本橋夕照餘暉下勤奮撒網捕魚的漁夫，又或是日出時分從蒲甘搭乘熱氣球俯瞰雲霧迷濛間的萬千佛塔，在精彩文字與照片間，我自己也彷彿親身走了這一趟旅程。

老鄧以工作認真、對人熱忱、深明大義、熱愛國家和民族為朋友所稱道。我們一起走過的五十年日子，彼此珍惜，互相敬重，藉此序祝賀老鄧七十周歲生辰快樂，期待他完成一五〇個旅遊國家的目標後，有餘閒再為讀者和朋友寫遊記，與友共享他的旅遊樂趣。

吳肖梅

亨達集團董事

【自序】

揭開亞洲隱士的面紗

二〇二〇年是值得特別銘記與慶祝的一年：不僅是我白手起家、創立亨達集團的三十周年慶；也是我與內人結褵四十載，慶賀難得可貴的「紅寶石婚」；我更在這一年邁入了人生旅程的七十周歲，成為真正的古稀之人。可說是喜事連連、紛至沓來。

在對我而言充滿多重紀念意義的一年裡，很高興能有機會和大家分享我在緬甸這個「佛之國度」的種種經歷，並由衷感謝以下幾位好友（包括我內人）願意撥冗替我的新書作序：

- 原揚州市人民政府副市長暨揚州市人大常委會副主任　紀春明
- 全國工商聯十二屆執委暨中國人民政治協商會議北京市政協港澳委員　馬春玲
- Leica Store Taipei總經理　張義雄
- 亨達（紐西蘭）有限公司行政總裁　韓鈞
- 亨達集團董事　吳肖梅

位於中南半島的緬甸，將近九成的人民信奉佛教，本應是個傳遞寧靜祥和的佛國淨土，然而在世人眼中，卻多半與種種負面的訊息掛勾：曾淪為殖民地、內戰不斷、受軍政府把持、封閉鎖國……等等，很長一段時間處於經濟低迷不振、人民生活貧困的狀態，可說是百廢待興。甚至在近年改革開放後，依然發生羅興亞種族與宗教的衝突和迫害。或許是這些訊息的影響，當我走遍各大洲，回過頭來，才發現自己居然從未造訪過這個中國的近鄰。

她是我旅遊世界途中所踏上的第一四三個國家（至新書截稿前，已旅遊一四六個國家，達成旅遊一五〇個國家的目標可說是近在咫尺）。我是在二〇一九年一月初次來到緬甸，乘著「一帶一路」之風，在旅遊同時，不忘兼顧商機的尋找。當旅程結束後的幾個月內，我又再度拜訪，這回不再只是一人獨行，還帶了公司的同事，已開始進行業務開拓事宜。儘管兩次來到緬甸的時間間隔不久，卻已感受到這個國家極具發展的潛力，變化十分迅速。「亞洲隱士」正逐漸揭開面紗，努力要追上世界的腳步。

十多天的旅程中，從最大城市仰光，波光粼粼的茵萊湖，到佛塔林立的蒲甘，再到曾為王朝首都的曼德勒等古城，緬甸在我面前呈現了或沉靜、或動感的多種樣貌，各有不同的魅力。而其中給予我最深刻的印象，大概是在簡樸困苦的生活環境下，無論成人或兒童，那羞赧中帶著真誠與友善的笑容吧！以及無數佛像與佛塔在經年累月間貼上一層又一層的金箔，道盡了人們無比的虔誠信仰，帶給我的震撼與感動。

自開放以來，緬甸每年的遊客人數持續上升，已成為中國及其他許多國家的熱門旅遊點。政府積極發展旅遊觀光產業，許多新的景點也陸續被開發。不過在此我其實想要建議各位朋友，若打算前往緬甸，無論是觀賞原始自然風光，或是歷史人文古蹟，都應盡早安排。加速開發的腳步，固然會讓遊客更為便利地遊覽和了解這個國家，並對經濟發展具有正面的影響，帶動改善人民的生活。但從另一個角度來看，過度的開發和遊客人數的增長，極有可能導致自然環境被破壞、古文物遭受損害等負面的衝擊。當然，如何在推動改革開放的同時，兼顧自然環境與文物文明的保存維護，這也是政府積極進取拓展旅遊業、振興經濟時，不應該妥協的一項堅持。我也深切期望這個國家的未來，當她各方面的努力開花結果的同時，依舊能夠保有那份美麗。

鄧予立

目錄

Contents

推薦序

- 感受緬甸獨特的自然文化／紀春明 3
- 最美的風景在路上／馬春玲 6
- 透過鏡頭一起漫遊／張義雄 9
- 從心出發 步入輝煌／韓鈞 11
- 彷彿親身走了這一趟旅程／吳肖梅 14

自序

- 揭開亞洲隱士的面紗 16

失落的國度 22

神蹟大金塔 28

緬甸人的聖石 38

東西文化薈萃的城市 48

遺世奇觀茵萊湖 60

目錄

Contents

湖上桃花源 66
茵萊湖上好風光 74
返樸還淳的遺世村落 84
手指之處皆浮屠 92
日出蒲甘紅似火 98
老蒲甘內外 106
仙人跨海休問，隨處是蓬萊 112
世界最大的皇城 122
神聖的馬哈牟尼佛寺 128
曼德勒尋幽訪勝 134
烏本橋的迷人風采 146
僧侶之路 158
曼德勒周邊古城 164

緬甸 Myanmar

緬甸聯邦共和國（Republic of the Union of Myanmar）位於中南半島西部，為東南亞國家協會成員國，舊名Burma，一九八九年才改成Myanmar。人口約五千三百多萬人，近九成民眾信仰佛教。緬甸也是東南亞大陸面積最大的國家，三面環山，屬於夏季悶熱的熱帶季風氣候。

失落的國度

二〇一九年一月，新年度才剛揭開序幕，我的「旅遊一五〇個國家」之旅又再繼續下去。這趟旅程的目的地，選擇了鄰近中國、位於中南半島的國家——緬甸（Myanmar）。

緬甸全稱為緬甸聯邦共和國（Republic of the Union of Myanmar），名字源自於梵文，意為堅強、勇敢。這個唯一同時與印度和中國接壤的東南亞國家，西南臨安達曼海（The Andaman Sea），東南鄰泰國與寮國。國土面積約六萬八千平方公里，人口約五千三百多萬，是一個以農業為主的國家。

緬甸與中國的邊境線長約兩千兩百公里，距離非常貼近，與雲南省緊緊相依，山水相連。可是對於這樣一個近鄰，在踏上她的土地之前，我卻對她所知甚少，印象最深刻的是經常出現在新聞中的政治人物昂山素姬（Daw Aung San Suu Kyi，臺灣譯為翁山蘇姬），以及我喜愛收藏的緬甸翡翠。這當然與緬甸近三十年的閉關鎖國脫離不了關係。

緬甸的國歌《世界不滅》中有一句讓人十分感動的歌詞：「直到這個世界毀滅，緬甸依然存活；我們熱愛我們的土地，因為這是我們真正的遺產……」她究竟是個怎樣的國家呢？我深深盼望這趟旅程能帶給我更多的認識和了解。

出發的前兩天，我突然患上重感冒，嚴重影響了旅遊的興致，甚至產生臨陣退縮、打退堂鼓的念頭。最終抱恙啟程，原先只打算到仰光養病停留兩天。始料不及，待我到達緬甸後，豐富的人文歷史、壯麗的宗教遺址，以及如詩如畫的自然景色，讓我精神提振，不藥而癒，意猶未盡之下一再把旅遊時間延長，最後在這個「失落的國度」足足度過了十二天。

我從北京出發，航程有五個小時，藉由這段空檔，我搜尋有關緬甸的資料，打算在抵達當地之前，先對她有些初步的了解。

緬甸曾擁有「洪沙瓦底」的國號，可說是歷史悠久的文明古國，早在兩千五百年前，這片土地已成為與中國、印度和中東地區的商貿重地。公元一〇四四年，她進入「黃金盛世」，成為統一的國家，經歷蒲甘、勃固、東吁和貢榜四個重要王朝的更替。可惜由盛而衰，十九世紀先後數次被英國武力侵略，淪為英屬殖民地；悲慘的是殖民後期她同時遭受日本軍隊占領，以掠奪性的方式統治了三年半的時間，更讓這片美麗的土地成為二戰時東南亞的主要戰場之一，雪上加霜。一九四二到一九四三年間，英軍和中國赴緬遠征軍在此與日軍作戰，這段「中國遠征軍」的歷史，是中國軍隊史上無法癒合的傷痛，也是我們任何時候提起都要肅然起敬的。

一九四八年一月四日，緬甸正式脫離英聯邦，宣布獨立，成立「緬甸聯邦共和國」，以仰光為首都。然而獨立之後的緬甸並未就此朝向進步穩健發展，反陷入政黨紛爭、軍政府獨裁統治階段，街頭民眾示威遊行、政府武裝鎮壓的亂局一再發生，加上以美國為首的西方國家經濟制裁，又遭受地震和強烈風暴等天災侵襲，多重打擊使得經濟衰退，人民生活在痛苦與失望中。

直到二〇一五年，「緬甸國父」昂山將軍（Aung San）之女昂山素姬經過二十一年不懈的民主鬥爭，領導全國民主聯盟（簡稱民盟）經由公開自由的選舉，取得大勝，獲得執政權。自此，緬甸才從世界上最不發達的國家（未開發國家）的低谷逐漸爬起，開啟與外界的交流接軌。

儘管近年國內發生羅興亞種族和宗教的紛爭等負面消息，然而新政府為改善民生推行一系列改革，鼓勵外資在當地投資設廠，努力發展經濟，又積極開放旅遊業。總體來說，一切都在往好的方向前進，但想要看見這些努力開花結果，尚需不少時日。

緬甸是虔誠的佛教國家。佛教自印度傳入已有兩千多年的歷史，據統計，全緬甸約有百分之八十九的人民是佛教徒，幾乎可說是全民信佛，堪稱為「佛教之國」。想當然耳，佛教必定對人民的文化和生活具有深刻的影響。在我整趟緬甸的行程中，佛塔和廟宇幾乎到處可見，無論是途經的城市、鄉鎮或農村，無一例外。大街小巷經常可遇見穿著褐紅色袈裟的僧侶，還有「粉紅女郎」——身著粉紅袈裟的尼姑。經由導遊的介紹，我這才知道男性有出家當和尚的義務，對女性則沒有這樣的限制。不過和尚的地位很高，尼姑卻比一般人還要低。人們認為男性一生中有兩件大事要完成：出家和結婚，出家被視為答謝父母的一種方式，且是從男孩通往男人的必經之路。傳統上，所有的男性在七歲之後會進僧侶學院修讀佛學，為期由數周至數年不等，結束後可自由選擇返回俗世生活，或繼續受戒成為僧侶。

在緬甸人身上，精神的富足與經濟的貧困奇妙共存。千百年來，緬甸人民就靠著佛教作為精神的支撐，度過種種苦難歲月。可以說，佛教已經融入緬甸人的骨血之中，成為他們無法切割的一部分。

我想特別提起緬甸與中國的淵源。在查詢資料時，我才了解到「緬」字代表遙遠的意思，「甸」則指的是郊外，因此「緬甸」兩字合在一起，意指「遙遠的郊外」，而這，便是古代中國對這區域的稱謂。

跟中國一樣，緬甸是個多民族國家，由一百三十五個不同民族組成，其中緬族（Bamar）占百分之七十二，其餘大族包括欽族（Chin）、克倫族（Kayin）、克欽族（Kachin）、克耶族（Karenni）、孟族（Mon）等，甚而還有一些民族與中國少數民族同源。

由於地緣關係，自古以來，中緬就有著頻繁的往來。據史料記載，早在漢朝，中國的商人就以馬幫的形式，將絲綢等物資循著伊洛瓦底江和怒江水道運入緬甸，並換回緬甸的寶石、翡翠、木棉等珍品，正是「山間鈴響馬幫來」。此後各個朝代兩國亦互派使節，交往頻繁。

緬甸作為中國近鄰，是最早承認中華人民共和國的國家之一。值得一提的是，一九九三年七月三十一日竣工通車的緬甸仰光丁茵大橋是中國援緬的最大專案。該橋全長一八二二點六米，曾被譽為「東南亞最大的公路鐵路兩用橋」，中國為此提供了兩億多元人民幣的無息貸款支持這項建設。這樣看來，在更早的時候，緬甸便已經在中國的「一帶一路」上了。

翻閱著關於緬甸的各種資料，時間快速流逝，轉眼之間，航程即將進入尾聲，隨著飛機緩緩降落，緬甸最大城——仰光也逐漸展現在我的眼前。

↑緬甸為佛之國度，佛塔林立

神蹟大金塔

過去十年的旅遊，我不斷拓展行走的版圖，套用一句流行歌詞來描述，正是「我曾經跨過山和大海，也穿過人山人海」（出自朴樹《平凡之路》），我曾欣賞南極的冰川，又闖入非洲的動物世界。在世界上繞了大半個圈之後，如今轉過頭來，回到自家門前看看。緬甸是我這趟中南半島旅程中首先抵達的國家，仰光（Yangon）則是我來到緬甸的第一座城市。

仰光一直沿用相同的中文名稱，未有改變，英文卻輾轉由Rangoon改為Yangon。不僅如此，自一八五五年開始，它做為英殖民地的首都，直到緬甸獨立。二〇〇五年十一月，政府卻突然宣布遷都到現在的首都內比都（Naypyidaw）。究竟出於什麼原因，使得政府決定遷都和更改仰光的名字呢？事實上，現今的首都位居全國的中心地帶，處於緬甸兩大城市仰光和曼德勒（Mandalay）中間，屬於盆地的地形，相較於仰光，擁有防禦性較佳的戰略位置。

至於改名的原因，我在旅途中閱讀了英國歷史學家理查德・科克特（Richard Cockett）《變臉的緬甸》（Blood, Dreams and Gold: the Changing Face of Burma）和緬甸學者吳丹敏（Thant Myint-U）《緬甸——新亞洲的博弈競技場》（Where China Meets India: Burma and the New Crossroads of Asia）兩部作品。作者在書中提及緬甸的過去、現在和將來，詳盡介紹該國的歷史、文化、建設以及政治、經濟改革等。而兩書共同的論點，就是當前政府對於去殖民化所做的努力。為了回歸自身的文化，緬甸政府不僅更改了仰光的英文名稱，連國名的英文都由Burma改為Myanmar了。

我想起理查德・科克特在《變臉的緬甸》書中，一方面形容緬甸如「馬賽克鑲嵌畫一般」美麗，另一方面卻將仰光描寫為一座「血、夢想和黃金之城，……以當代亞洲大都市來說絕無僅有」。種種敘述勾起我的好奇心，迫不及待想要親眼見證這城市是否真如書中所述。

昔日的首都仰光不管是過去或現在，都擁有比當今首都內比都還要高得多的知名度，當然，它也依舊是全國最大、最繁華的城市，目前人口超過七百萬。

仰光國際機場的規模顯然比不上中國第一線城市，甚至還不及臺北的松山機場。不過它在二〇〇五年曾翻新修建，是座現代化設備完善、光線充足、井然有序的機場。海關查驗的人員熱情有禮，對從北京來到的中國旅客，基本上能用普通話交流，完全沒有語言的隔閡。而我呢，操著帶有粵語口音卻流利的普通話，自然順利入境，不在話下。

我從機場直接乘車前往市中心，行駛在公路上，沿途見到無數佛塔、寺廟，或為磚石堆砌修築，或為鍍金，在陽光下流光溢彩，熠熠生輝，讓我聯想到緬甸「佛塔之國」的美稱。

來到仰光，二話不說，當然得先參觀這座城市的地標，且是國家的象徵——仰光大金塔（或稱仰光大金寺）。它與柬埔寨的吳哥窟、印尼的婆羅浮屠一同被譽為東方藝術的瑰寶，如此名號，怎能夠錯過呢？無論是個人自由行或團體旅遊，來到仰光的第一個景點，非大金塔莫屬。

大金塔坐落在市中心區、占地面積達四十六公頃，建在海拔約五十米高的聖山（Singuttara Hill）上，由於位處仰光最高點，在市區的任何一個角落都可以看到它的巍峨壯麗、金光閃爍。當地人將大金塔稱為「瑞大光塔（Shwedagon Paya）」。在緬甸語中，「瑞」代表的是「金」，「大光」則是仰光的古稱。

關於這座佛塔的歷史，導遊講來繪聲繪色，頗有傳奇色彩，且當故事來聽。傳說兩千五百年前，一對商人兄弟提謂（Tapussa）和婆梨迦（Bhallika）有緣遇上剛在印度菩提伽耶成道後的佛祖，遂成為佛祖的追隨者，並以米糕和蜂蜜供奉佛祖。佛祖後來從頭上拔下了八根頭髮送給兄弟兩人，他們經歷千辛萬苦返回緬甸，在當地國王的幫助下找到聖山，建造這座佛塔，又把佛髮放在一個鑲有寶石的匣子裡，珍藏在大金塔內。

此後的兩千多年裡，朝代更替，遭逢無數天災人禍，佛塔也歷經多次修復和重建。十五世紀，勃固王朝的王后信修浮（Queen Shinsawbu）捐了相當於其體重約四十公斤的黃金，將黃金敲打成金箔，覆蓋塔身，這個舉動成為替佛塔鍍金的開端，從而演變為一項傳統習慣；其後，她的女婿達摩悉提（Dhammazedi）更是捐出他和王后體重四倍的黃金，並加上大量寶石的裝飾；十八世紀貢榜王朝的「白象王」辛標信（Hsinbyushin）再次整修金塔，不僅將塔身加高至如今的九十九米高，並添加與體重相等的七十七公斤金箔。

我來到古蹟聖地時已屆黃昏。聖地共有東西南北四個入口，我是從北面進入的。每個入口處都有一對高約九米的巨型守護神辛特（Chinthe），在緬甸神話中，辛特是一種半龍半獅的神獸。

凡進入的善信和旅客均要經過嚴密的安檢，且規定必須穿著端莊的服裝，不可暴露，同時得脫掉鞋襪，方能踏上大金塔的範圍，以示對聖地的尊敬。導遊敘述在英國殖民時期，英國官員和軍隊無視於規定，穿著鞋襪、踢著軍靴、持著武器在大金塔周圍巡邏走動，對緬甸人民來說，無疑是一種褻瀆。不僅如此，英軍還大肆掠奪金塔中的寶物，包括企圖運走一口巨鐘，幸而終未得逞。種種行為雖令人民極度憤怒，卻在武力淫威下無可奈何。

↑差點被英軍帶走的巨鐘
→仰光大金塔是城市的地標，塔身正進行維護保養

↑寺內的臥佛

↑大金塔門票
←大金塔的塔頂

我先按規矩脫下鞋襪，再轉乘電梯升至主平台，穿過鋪有光滑大理石地板的長廊，一個宏大的寺院群出現在眼前。

我仰望中央近百米高的巨大金塔，此時正巧是維護保養期間，金塔周身被密實地包覆起來，唯獨留下塔尖未被遮住，直指蒼穹，在夕陽照射下耀眼奪目。周邊圍繞著六十四座小塔和四座中塔，由木材、石料建成，色彩繁多、型態風格各異，如眾星拱月烘托著大金塔。不過其中也有好幾座塔罩上了藍布，同樣進行維護中。

我跟隨導遊以順時針方向緩步繞塔，一邊聆聽他的介紹。

原來金塔並非鍍金，而是純金，據統計，目前塔身的黃金重量已達七噸多，且塔上還鑲嵌了五千多顆鑽石、兩千多顆紅、藍寶石及其他貴重寶石，塔頂上有個做工精細的金屬罩簷，簷上掛有金鈴一〇六五個，銀鈴四二〇個。此外，塔頂甚至還有一顆重達七十六克拉的金剛鑽，非常出名。

大金塔周邊設有八個星座祭壇，根據生日是星期幾，便可找到相應的祭壇。導遊替我尋得生日所屬的祭壇，祭壇有佛像和對

↑作者在燭火搖曳的油燈前祈求旅行順利

↑星座祭壇

↑大金塔周邊圍繞型態風格各異的小塔

應的動物。我依照導遊的指導，入鄉隨俗，對佛像和動物澆上清水三杯，祈求此行順利。

大金塔寺廟群中還供奉著大大小小的佛像，形態坐姿各式其式；到處亦可見到佛教故事的壁畫，精美絕倫。我置身其間，體會到佛教殿堂的神聖莊嚴。在這裡，處處可見僧侶、尼姑和信徒們虔誠地朝拜祈禱，這些人或成群結伴，或獨坐一隅，不變的是每個信徒臉上專注的神態，讓人深有感觸，這令我不禁想起曾經在拉薩大昭寺前見到那些以五體投地方式磕長頭的藏族人民，或許他們以不同的形式頂禮膜拜，但對於這些人來說，信仰已經融入日常，是生活、是生命

↑大金塔內的莊嚴佛像

的一部分了。我雖沒有這種對於宗教信仰的虔誠，卻也為之深受感動，並真誠期盼佛祖可以保佑這個佛教國度的人民，除了擁有心靈的祥和幸福外，也能脫離經濟上的困境，成為真正的樂土。

多個世紀以來，大金塔見證著緬甸的朝代更迭、歷史演變。金塔本身曾經成為僧侶抗爭的中心地帶，例如二〇〇七年的反軍政府運動；一九八八年昂山素姬亦在這裡面向擁護的群眾，宣講她的政治理念。有關金塔及各個角落的故事與事件數不勝數，於是繞主平台一匝後，我轉而走進塔內的博物館參觀，更為加深對於大金塔的認識。

不少世界知名的文人雅士參觀大金塔後，都留下深刻的印象。我尤其認同英國詩人魯迪亞德・吉卜林（Rudyard Kipling）的描述，他說大金塔是「一個金色的神祕之物自水平線隆起，一個在陽光下閃閃發亮的美麗閃爍奇跡。它的形狀既不屬於清真寺的穹頂，又不像印度神廟的尖塔，而是一座屹立在綠色山丘上的神蹟……」（Then, a golden mystery upheaved itself on the horizon - a beautiful winking wonder that blazed in the sun, of a shape that was neither Muslim dome nor Hindu temple spire. It stood upon a green knoll...）（*From Sea to Sea and Other Sketches - Letters of Travel*, 1899）

此處每天的開放時間由早上四時到晚上十時，我的時間非常充裕，雖非信徒，而只是過客一名，卻也樂意在如此寧靜祥和的氛圍下多停留一些時間，直至夜幕低垂方離開。當我告別的時候，夜間佛塔的打燈與一長列燭火搖曳的油燈相互掩映，呈現另一種光與影的世界，難怪許多人都說，夜晚是欣賞大金塔的最佳時間。

→夜晚的大金塔更加絢麗

緬甸人的聖石

尚未來到緬甸之前，我只聽過「仰光大金塔」的大名，渾然不知還有「大金石（Golden Rock）」的存在。

參觀大金塔的途中，意外聽導遊提起，仰光外圍的孟邦（Mon State）有座大金石佛塔（Golden Rock Pagoda），在緬甸人心目中，同樣有著非常重要、神聖的地位，相當於伊斯蘭教徒心中的麥加。

既已到過大金塔，又怎能錯過大金石呢？我即刻聯繫臺灣旅行社的陳總，將後續行程順延，臨時安排翌日前往大金石的行程。從仰光到孟邦大金石要走兩百二十多公里的路程，車程約四個小時。若按一般旅行團的行程，最好預留兩天的時間，在孟邦的金榜（Kinpun）留宿一晚，第二天再登上吉諦瑜山（Mt. Kyaiktiyo）的大金石。由於行程是臨時更改，我決定辛苦一點，僱車當天往返，不致影響往後的行程。

第二天，我摸黑起早，從仰光乘車出發，駛離仰光市區後，遂進入鄉間公路。路途中，有時是暢通無阻的柏油路，也有不少崎嶇蜿蜒的小路，更與各式各樣五花八門的交通工具，例如牛、馬車，或擠滿乘客的摩托車擦身而過。

沿路所見，阡陌縱橫、稻花飄香，間或點綴上低矮的平房農舍，一派祥和的田園氣息，正是「誰把黃雲盡剪齊，平鋪隴北與疇西；紅搖穲稏纍纍立，碧染袈裟穗穗低。十里午風開滿野，一番朝雨落盈畦；卻嗤桃李多姿媚，豔冶何曾補庶黎。」（陳肇興〈稻花〉）擺脫大城市高樓林立的壓迫感，未曾沾染上爭名逐利的汲汲營營，充滿農家刻苦耐勞的單純與質樸，在現代社會中，分外顯得珍貴。即使在行駛的車裡，我也充分體會到「綠樹村邊合，青山郭外斜」的那種愜意，稍微消除了旅途的疲憊感。

由於清晨即起，我趁機在車上打盹，就這樣半睡半醒間，經過不知多少的鄉村、小鎮和市集。司機突然將我喚醒，原來孟邦已在前面不遠。我們先在山腳下的民宿用過簡單的農家菜，再前往大金石的專用擺渡車（接駁車）車站。

孟邦的地理環境主要為山地丘陵，欲前往大金石朝聖，必須在金榜改乘區內的專用擺渡車，登上海拔一千多米的吉諦瑜山。這種專用擺渡車叫做lain-ka，其實是由大皮卡車改裝而成，座位用木板條釘成一排一排，加上椅墊，並沒有靠背，所有乘客擠坐在一起，每排木椅可乘坐八到十人，整車總共容納四十到五十位乘客，頭頂裝上簡單的帳篷遮風擋雨。所幸導遊特別安排（多付額外車資），讓我得以坐在司機旁，無須與其他乘客互相擠壓。

大皮卡車沿著盤山公路向上爬，此段山路不時遇到陡峭的地形，彎道又多，往返山上的專車一輛接一輛，為了閃避迎面而來的車輛，司機經常來個急轉彎，乘客們不由自主跟著左右搖晃，險象環生，猶如乘坐過山車（雲霄飛車）那般驚險。我坐在前面，聽到後方乘客的尖叫聲此起彼落，還有女士經受不了顛簸而暈車，突然嘔吐起來，猝不及防下把穢物吐在車上。

出發前，我發現乘客中有不少披著袈裟的僧侶和尼姑。據導遊說，按戒律，僧侶是不方便與女性坐在一塊的，更不能有肌膚的接觸。為了嚴守規條，僧侶都會盡量與女性分隔開來。但在人擠人的車內，實在難以做到完全區隔，尤其皮卡車急轉彎造成的慣性，根本無法避免人們彼此的擠壓，難免會有尷尬的場面出現。在這樣的環境與條件下，若有誤觸誤碰，實在也無可厚非。

↑當地人的交通工具 lain-ka車

↑行程中也常遇到騎摩托車的當地人

↑當地人以人力運送貨物

「過山車」繞著險狹曲折的盤山公路一路向上，攀爬了將近一小時，終於到達Yatetaung中轉站。乘客下車後，要前往山頂，可選擇兩條路線：一條難度較高，得靠雙腳徒步登山，抵達山頂需時一小時；另一是乘坐纜車，只需五到八分鐘。我這位白髮老者，當然捨難取易，倚賴登山纜車直達大金石聖地。因為當地人承受不起昂貴的纜車費用，大多數都頂著太陽，汗流浹背地步行登山，纜車幾乎是專門為外地旅客服務。纜車扶搖直上頂峰，朝下俯瞰，山坡一幢幢以鐵皮、木材、茅草和帆布搭建的村屋，極為簡陋。說時遲那時快，纜車抵達終點，金光燦燦的懸石已出現在視線之內。

↑↓搭乘纜車可以直達大金石聖地

纜車站與大金石之間仍有段四百多米的距離，此段路坑坑窪窪，並不好走，由於是陽光直照的正午時分，對長者來講，實在有點吃不消。這時候不妨考慮僱用竹竿轎夫抬轎的服務，省事輕鬆得多。

作為虔誠信徒朝思暮想的聖地，大金石是個形似頭顱的巨石，高八點一五米，重達六百多噸，上方還有一座高七點三米的佛塔。大石的特別之處在於它高懸於海拔一千多米的山崖邊，是一塊處於平衡狀態下的懸石，石身有一半在懸崖外，據說底部還透著光，顯然與地面的連接面很小，整體呈現二十多度的傾斜，看過去岌岌可危。然而兩千五百多年過去，巨石依舊屹立不倒，即便是狂風暴雨甚至地震的摧殘，依然紋風不動，如此奇妙的現象，讓緬甸人引以為神蹟，每年都吸引成千上萬的朝聖者前往膜拜。

大金石是個形似頭顱的巨石

↑大金石不遠處還有一座船型的皎坦般佛塔
→位於山崖邊的大金石

當地有一個傳說，大金石之所以懸空不倒，是因為上方的佛塔藏有佛祖的頭髮。據說佛祖釋迦牟尼曾經將自己的一縷頭髮送給一位名叫Taik Tha的隱士，隱士把這縷頭髮盤到自己的髮髻中，後來將其獻給帝須國王（King Tissa）。隱士希望這縷髮絲能夠供奉在一塊與自己的頭顱相似的巨石。後來國王在大海深處發現此塊大石，神奇地用船運上岸，放置於山頂，並建了佛塔珍藏髮絲。導遊說有關大金石的神話還不只如此，就連運送大石的船亦神化成為石船，距離大金石約兩百多米外，有塊船型的石頭同樣是朝聖者膜拜的聖物，被稱為皎坦般佛塔（Kyaukthanban Stone Boat Stupa）。

至於大石為何會呈現金色呢？這是因為虔誠的信徒長年累月將金箔一層層的貼上去，時間久了，金箔竟與石質融為一體，不論狂風暴

↑彷佛手捧大金石的趣味照

雨，都無損石頭在陽光下燦爛耀眼的黃金色澤。令我驚異而百思不得其解的是，大石懸空的部分究竟是如何被貼上金箔呢？善信不惜冒險、想方設法貼上金箔，使大金石四方八面都披上金光，毫無遺漏，此種出於宗教信仰的無畏無懼實在令我佩服。

我按信徒的習慣，脫下鞋襪，赤足走上平台，以順時針的方向環繞聖石，接著小心翼翼踏上連接大金石的小通道，與大金石作零距離接觸。不可不知，只有男性才能夠觸摸大金石，女性則禁止靠近，更別提觸碰了。信徒們畢恭畢敬地走到大金石面前，面容虔敬而肅穆地將金葉子一層層貼上去，撫摸和膜拜的舉動，彷佛正在進行與神靈之間的溝通。我以雙手碰觸貼

Kyaikhtiyo Archaeological Zone
Terms & Conditions
- Valid for two day from date of issue.
- Only for the specific Cultural Zone.
- No refunds .
- No exchange or nontransfer able
- Each visitor must have a prepaid card.
- Use your prepaid card for both entry and exit.
- Show your prepaid card for the officer inspects in any time, the Cultural Zone.
Nº 0392350
K-10000/-

↑大金石門票

了金箔的石頭，除卻濕潤的觸感外，並沒有其他特別的感覺。但也暗自祈求神石能為我帶來「石」轉乾坤，時來運到。

大金石的周邊，還有多座佛塔、寺廟、僧院等，每年十一月到隔年三月的朝聖季夜晚時分，信徒們會在大金石平台上點燃蠟燭，徹夜誦經，從山下抬頭望去，漫山繁星點點，非常壯觀，瀰漫一種聖潔的氣氛。

也因為無數信徒和旅客的到訪，自然而然地，許多民宿旅店便應運而生。據說在此留宿一宵，既可膜拜誦經，又可以登山觀賞日出日落的景色，一舉兩得。尤其從吉諦瑜山登高遠望，層層山巒起伏，綠意盎然，風景如畫，讓人不由自主沉醉在迷人的景緻中。

東西文化薈萃的城市

交通繁忙的皮亞路（Pyay Road）自仰光河直達北面的國際機場，是仰光市內最長的一條路，也是最漂亮的大道，兩旁排列著枝葉婆娑的樹木，為城市注入了生機活力。

雖然不再是緬甸的首都，仰光依然是座色彩繽紛的大城市。身為全國政治、經濟和文化中心，近十年來，緬甸政局趨向穩定，外資紛紛湧至，這改變了仰光的市貌，不少漂亮美觀的高級公寓、大型商場和辦公大樓如雨後春筍陸續建起。這些建築多半集中在市中心，當我置身市中心的酒店，已感受到一種欣欣向榮、生氣蓬勃的氛圍。

然而，目前該國經濟仍處貧窮落後階段，人民生活清苦，當地工人月平均收入約一百到兩百美元。若與其他東南亞國家的首府城市相較，仍有一段距離需要努力。許多市內的房屋依舊千瘡百孔、破敗不堪，四處掛滿交錯縱橫、亂無章法的電線，甚至橫跨街道，路上亦不難見到衣衫襤褸的路人，以及陳舊到似乎在博物館內才看得見的老爺車。不過市中心的規劃還算是井然有序，特別是仰光河畔的商業區，街道名稱由第一街（1st Street）的次序排至第五十五街（55th Street），跟美國紐約的街道名稱有幾分相似，方便初來乍到的旅客認路。

據導遊介紹，仰光大致分為三個區域：一是政治和商業中心，包含政府機構的所在地，以及酒店、商場和金融機構的集中地；其次為居民的住宅區；另有中國人和印度人的居住地及其商業活動的集散地。由於過去軍政府長時期實施軍管和宵禁的緣故，當地治安環境不錯，犯罪率很低。即便獨自在市內行走，也感覺十分安全。仰光市內除了濃厚的東方佛教色彩，更保留許多殖民時期的建築，充滿異國風情，被稱為是「世界上保存最完好的殖民時代城市風光之一」，為市區徒步增色不少。

↑仰光市政廳

↑仰光市區

↑俯瞰仰光市

我倫敦的朋友到過仰光後，留下很不錯的印象。這兒的生活步調絲毫不顯緊迫，是東南亞有名的慢活之城，避世的好地方。除了遊佛教聖地大金塔，記得嘗碗緬甸的國民美食「莫學卡」（Mohinga）魚板麵（魚湯米粉）；也別錯過擁有百年歷史、富英國殖民色彩的喬治亞式建築——斯特蘭德酒店（Strand Hotel），在此享用精美下午茶可是相當受歡迎的旅遊行程；或是到坎多吉湖（Kandawgyi Lake，又名皇家湖Royal Lake）區找間咖啡廳，坐下來悠閒地品嘗咖啡；夜市則是晚上消遣的好選擇，啤酒搭配煎餅（Dosa）、咖哩餃拌麵（Samosa thoke）等。

我不想花太多時間在吃、喝方面，寧願多爭取些時間走走看看。

這天，我的行程以仰光河觀日出為起點。拂曉時分，黑紗依舊籠罩大地、我徒步來到潘索丹碼頭（Pansodan Jetty），此刻未有白晝的人潮，但見群鷗飛翔。我找到觀日出的最佳位置，靜候那令人興奮的一刻降臨。說時遲那時快，旭日升起，頓時霞光萬丈，把仰光河照個通亮。東曦既駕，碼頭一帶頓時像開啟了開關似的，熱鬧活躍起來，成為一個熙熙攘攘的市集。往來仰光和對岸達拉（Dalah）的渡輪拉響了汽笛，當首班渡輪泊岸後，乘客魚貫上岸，人群中有的是上班族，有的是穿著校服的學生，還有頭頂著果菜、雞蛋和各種商品準備到市集售賣的婦女，當然也缺不了化緣的僧侶。

除了對開往來的渡輪服務外，河邊還停泊許多搖櫓的小艇，為那些趕時間的乘客提供私人服務。漁民也同時出動，搖起漁船撤網撈魚。

↑渡輪是仰光的重要交通工具

↑河面上的搖櫓小艇

我見時間尚早，乘機搭上渡輪，在甲板上欣賞映照著晨曦的河上風光。在我附近的是穿著特敏（htamein）的緬甸婦女，以及圍著籠基（longyi）的男士。特敏和籠基是緬甸的傳統服裝，基本上就是將一條筒形的長布圍在腰間，籠基的樣式比較簡單，特敏則色彩繽紛、花樣繁多。

此外，在整趟的緬甸之旅中，不時會見人們在兩頰抹上兩片淡黃色的粉，不分男女老幼，這種淡黃色的粉稱為特納卡（Thanakha），來自於緬甸當地的黃香楝樹，人們會將樹幹鋸成一段一段，在市面上販賣。使用的方式是先將清水加在小石磨上，將木頭在上頭研磨出漿液，再利用刷子或直接用手塗抹在臉頰上。據說特納卡不僅可以消炎止癢，也擁有防曬的功效。

從船上望向岸邊，仰光市中心區的斯特蘭德路（Strand Road）哥德式建築清晰可見，這些殖民時期留下的遺產，像是鐘樓、燈塔、海關大樓、過去的法院大樓和著名的斯特蘭德酒店等，引人回想起充滿波折與辛酸的歷史過往。舊時的

↑維護中的波達通佛塔

歐式建築、近年興建的現代化大樓、閃耀金光的佛塔、寺廟和破敗老舊的平房彼此穿插，更交織成彷彿穿越時間與空間、融匯東西文化的城市風景。

經過半小時遊河後，我返抵仰光市區。碼頭附近正好是一座波達通佛塔（Botataung Paya），供奉著兩千多年前由一千人從印度護送回來的佛髮舍利。在開闊的廣場上，聚集了很多信徒，誦經祈福、敲鑼打鼓、吹奏樂器，甚或隨著樂聲手舞足蹈，一派歡欣雀躍。如此歡愉的氣氛感染著我，引起我的好奇心，於是信步走入佛塔。

約五十米高的佛塔正進行維護中，它的外型與大金塔相似，在二戰時曾遭炸毀，重建後的特別之處在於內部中空，可

↑佛塔內部建築

↑佛塔內金光耀眼

↑佛塔內的鍍金青銅佛像

以讓人走進，且內有迴廊，彎彎曲曲的設計，猶如一座迷宮，從地板、牆壁到天花板都鑲滿黃金，金光燦燦，令人眼花繚亂。

佛塔內還有一尊非常具歷史價值的鍍金青銅佛像，是貢榜王朝的敏東王（Mindon Min）下令塑造，原先放在曼德勒的皇宮內，第三次英緬戰爭後，英軍將佛像劫掠到英國，在維多利亞與亞伯特博物館（Victoria and Albert Museum，簡稱V&A）展出近六十六年，直到一九五一年緬甸獨立後，這個流落在外的聖物終於回歸，如今就供奉在這座佛塔內。佛像的雙眼微闔、帶著淡淡的微笑，給人寧靜祥和的感覺。

緬甸除了佛教外，也有原本民間的信仰流傳下來。民間信仰中有種介於神與鬼之間的靈，稱為納特（Nat），如山靈、樹靈等。蒲甘王朝的創始者阿奴律陀王（Anawrahta）指定了三十七尊官方的主要神靈，多源自於王室人物，除了這三十七個官方的納特之外，還有許多民間信奉的納特，波達通佛塔就有一個祭壇，供奉的是叫做波波吉（Bo Bo Gyi）的納特。波波吉右手指向前方，據說一邊許願一邊將額頭觸碰手指，可使願望成真。另一個祭壇供奉的納特是嘛南維（Mya Nan Nwe），是位雙手合十跪坐的女性，又叫做耳語女神或許願女神，同樣也是保佑願望實現。許願的方式是獻上飲料，並傾身在她耳邊小聲說出願望。

位於市中心的蘇雷佛塔（Sule Paya）原本是我的下一個目的地，由於周遭被各式各樣的商店所圍繞，是一處熱鬧的商業區，我前往時正巧遭遇上班的繁忙時間，交通實在太過擁堵，難以多做停留，最後只能待在車上匆匆繞過，未能入內一窺全豹。直到第二次拜訪仰光時，才終於得以進入。這座金色佛塔的歷史逾兩千多年，比大金塔還久遠，當地人認為佛塔的位置原本為納特蘇雷神（Sularata）的居所，因而得名。歷經不同朝代與統治者，這座佛塔也經過多次修葺，如今的佛塔為孟式（Mon）建築風格，最高的是一座八角形的鍍金佛塔，叫Kyaik Athok，即「珍藏佛髮遺物的寶塔」，塔內同樣供奉著佛髮舍利。

這個地區叫做獨立廣場，周邊還有印度教、天主教堂，古蹟很多，各種宗教文化融合，顯現出佛教的包容性。

↑蘇雷佛塔

仰光真不愧為「佛塔之都」，佛塔、寺廟不計其數，一時半刻想要走馬觀花一遍，也非易事。喬達基佛塔和皇家湖兩處景點便是精挑細選之後決定的行程。

喬達基佛塔（Chaukhtatgyi Paya）最為精彩而著名的是一尊長達六十五米、全國最巨型的室內臥佛。臥佛的眼睛以玻璃鑲嵌，極富神韻，面上帶著微笑，法相莊嚴祥和。頭上和身上鑲有鑽石和各類不同的寶石，最特別是祂的腳底板上繪刻了一百零八種圖案，佛像旁有一個說明告示牌，原來這些圖案有各自代表的意思，其中五十九個代表物質世間（Okasaloka），也就是肉眼看得見的形象，以及無生命的物質世界；二十一個代表有情世間（Sattaloka），亦即人或動物等有欲望的東西；另外二十八個是行法世間（Sankharaloka），代表抽象的無色界，象徵神的世界。而這些圖案刻在佛祖腳底，有一種世界萬物盡在其腳下的意思，也象徵祂已超脫三界輪迴的束縛。圍著臥佛的是一列具有不同型態的佛陀塑像，此外佛塔內還有彩繪的佛祖故事壁畫，讓人如臨仙界，整個人似乎都淨化昇華了。

↑不同型態的佛陀塑像

↑佛塔內扛鑼的塑像

↑在喬達基佛塔內的星座祭壇進行祈福儀式

↑作者入境隨俗敲鐘

↑佛教故事壁畫

↑長達六十五公尺的臥佛

從「仙界」離開後，我重返「世俗」，來到皇家湖（Royal Lake），也就是坎多吉湖，這是座由英國人開挖的人工湖。湖面開闊，視野無阻，對岸清楚可見高聳入雲的大金塔。

這座湖有個亮點，十分吸睛，從外觀看去，如兩艘連體船。這座建材為水泥的卡拉威宮（Karaweik Palace）是仿建的皇家建築，裡面的布置金碧輝煌，散發貴氣。其實是一家緬甸餐廳，除了可以享用地道的菜式外，還有精彩的傳統宮廷舞蹈表演，讓人有置身皇宮的感覺。我第二度前往仰光時，也入內用餐。雖然餐點內容不值一提，但可欣賞到國粹表演，一人操弄木偶，旁邊一男一女真人表演，與木偶互相模仿動作，相當有趣，也算是不枉此行。

時間過得真快，不覺已屆黃昏日落。我乘車穿越仰光的大街小巷，掠過重門深鎖、警衛深嚴的昂山素姬大宅，這是她被軍政府軟禁達二十多年之久的居所。這位諾貝爾和平獎的得主，繼承父親昂山將軍的志願，不屈不撓，以和平的方式與獨裁的軍政府進行長期的抗爭，終於成功地為緬甸人民打開新的篇章，帶領國家走上民主道路。

究竟現任政府能否在佛祖的庇佑下改善人民的生活，為人民謀求福祉？二〇二〇年的大選又將面臨一次新的考驗。但願緬甸封閉孤立的年代不再復返，就如我搭乘的汽車一樣馳騁在康莊大道上。

↑皇家湖

遺世奇觀茵萊湖

這些年旅遊各地，不免有所感觸。我認為只要有機會、有能力，大家都應該踏出家門，出去走一走，看一看。今日的科技發展，有太多的方式能夠縮短我們與世界的距離，但是如果不走出去，身臨其境，是無法獲得那種真實的觸動。在路途中，即使必須頂著豔陽，或迎著風雨，然而當我們親身橫越湖泊海洋，跨過名山大川，踏入留存至今的偉大建築和遺址，或旅途中巧遇充滿陽光溫暖的過客，這種種經歷，都會是回憶中一抹瑰麗美好的色彩。

緬甸有三大奇觀，分別是仰光的大金塔、緬東的茵萊湖和蒲甘的塔林。結束仰光的行程後，我隨即奔赴下一個目的地——茵萊湖（Inle Lake）。

茵萊湖呈狹長形，南北長約二十公里，東西寬約十公里，位於撣邦高原，湖面海拔約九百米，為東南亞第一大高原湖泊，緬甸第二大淡水湖。湖泊距離仰光約七百多公里，我從仰光乘飛機出發，卻無法直達當地，只能先降落於最近的黑河機場（Heho Airport），再改乘汽車前往。

沿途中，田野與山間的風景從車窗外掠過，但我留下的印象卻是一片塵土飛揚。原來繞山公路正在擴建中，我留意到修路工人有男有女，其中女性工人似乎比男性要多一些，也不知是否受到五〇到六〇年代「婦女能頂半邊天」社會主義婦女解放思潮的影響？抑或當地男少女多的緣故？

↑前往茵萊湖途中的景緻　↓黑河機場

即將抵達通往茵萊湖的主要入口良瑞（Nyanng Shwe，或譯為娘水）小鎮時，由於距離湖區越來越近，眼前的景緻也愈加宜人。我乘坐的車行駛在鄉間小道上，形形色色的交通工具有的迎面而來，有的與我們同行，包括載人和拉貨的嘟嘟車（Tuk Tuk）、自行車、牛或馬車等。道路兩旁是農民種植的田地，栽種的作物以水稻和甘蔗為主。「晨興理荒穢，帶月荷鋤歸」，牛耕田、馬拉車，一派安居樂業的田園景象。即使是耕作勞動，男士們也穿著籠基，婦女則是艷麗的特敏，可見這種傳統服飾的普遍。

小鎮本應是阡陌交錯、純樸自然的田園風光，卻因成為到茵萊湖的必經之地，進入湖區前，旅客和車輛均要在鎮前留下「買路錢」（入湖費），使得原本質樸的小鎮多了一股商業味，部分居民將農舍改為民宿旅店和餐館，為慕名而來的外地訪客提供服務。小鎮已然成為一個熙熙攘攘的遊客中心。

↑茵萊湖入場票

↑從飯店欣賞湖景

過了良瑞，目的地茵萊湖就在咫尺之遙。我抵達湖畔酒店時已近晌午，進行下午的活動之前，先稍事休息。酒店開業還不到一年，位置相當不錯，擁有極佳的景觀。推開通往陽台的玻璃門走出室外，陽台上置有躺椅，可以閒逸地半躺著欣賞靜謐清幽的湖景，遠處連綿不斷的是撣邦群山，面前的茵萊湖則如同一顆高原上的明珠，波光瀲灩，正是「潭面無風鏡未磨」。

今天沿路過來，我並未遇到來自中國的旅客，畢竟中國境內有太多碧波浩渺的湖泊，大概不會將這小小湖泊放在眼裡。倒是遇到幾個人來自新加坡和香港，對於遊湖的行程充滿期待。

曾任中國外交部長的詩人陳毅元帥曾到此一遊，被這片遺世湖景所吸引，留下「飛艇似箭茵萊湖，碧波浮島世間無」的讚歎詩句。茵萊湖到底有何魅力？且讓我探個究竟，為大家解惑。

↑茵萊湖的美麗夕陽

湖上桃花源

提到與世隔絕的高原淡水湖泊，要數南美洲的喀喀湖（Lake Titicaca）別具特色的蘆葦浮島，最令我難以忘懷。它代表著印加時代的文明，是印第安人的聖湖。

我眼中的緬甸桃花源，東方的文明遺產，則非茵萊湖莫屬。這片湖區上漂浮著一百八十多個大小不一的水上村落，居民不到十萬人，多半為茵達族（Intha），還有其他如撣族、緬族等。有關茵達族的來歷，導遊解釋到，他們原先居住於緬甸東南部山地土瓦（Dawei），據說在十三世紀時，為逃避泰族（Thai）的入侵，不得不離開家鄉，來到這個撣族的領域。然而當時撣族的族長不准他們在族人的領土上建蓋房屋，無奈之下，只好選擇以茵萊湖為落腳地。

茵萊湖的湖水並不深，約二到五米，湖中有種長年累月由沖積湖泥、浮萍和蘆葦等堆起的天然浮島。顧名思義，「浮島」會隨水浮動，而非固定性。它們因湖水漲落而升降，甚至是漂流。茵達族人巧妙地運用木樁、竹篙等支撐和固定浮島，使它們不至於隨水漂流和移動到其他地方。另外又收集湖中的藤蔓、水草等植物，在其上面覆蓋湖泥，鋪設成人工浮田。由於水源充沛，加上湖泥肥沃，使得茵萊湖中的「浮動土地」，無論天然或是人工浮島，都是種植農作物的理想耕地，可以開墾種植各類蔬果，如高麗菜、黃瓜和西紅柿（番茄）等等經濟作物，解決生計。此

↑高腳屋

外，湖中還有二十多種淡水魚類，資源豐富，捕魚也成為居民另一種謀生的選項。

茵萊湖的浮島跟的的喀喀湖的蘆葦島真有異曲同工之妙，證明不管東西方，人類因地制宜的能力是不容置疑的。

居住方面，茵達族人在島的中央搭建高蹺屋（Stilt Houses，或稱高腳屋），作為遮雨擋風的居所。隨著時代變遷，浮島上的高蹺屋加上繩索，或用木橋連接，組合成一個個的湖中聚落，有的是數島成村，有的是一島一村。村與村之間的往來，主要仰賴平底船，如今許多平底船已經加上引擎，成為機動平底船，更方便在交錯縱橫的湖道上來來往往。此番情景，令我想到義大利威尼斯水城的河上交通，只不過河岸兩旁古老破舊的磚牆屋換為高高架起的木屋以及綠意盎然的浮島。

茵萊湖上的浮島、浮田和高蹺屋已成為當地的獨特風景，也是觀光的重點。待一切安頓妥適後，我來到酒店的專用碼頭，準備展開泛舟遊湖的行程。碼頭停泊多艘機動小艇，每艘又長又窄，有幾張活動式的椅子，能容納數位乘客。我一個箭步跳上船，船上已經置放了椅子，甚至還有椅墊，坐起來比較舒適。掌舵的船夫啟動馬達，順著水道上的竹竿標誌，向湖中划去。水道長滿了水草和蔓藤，正是「方舟衝破湖波綠」。

小艇划過湖心，我坐在艇中，不時見到湖面上一群群海

↑茵萊湖景

鷗、野鴨騰逐覓食。在這裡，水承載著一切，一輩又一輩的茵萊湖居民依湖而生，農耕、捕魚，一切自給自足，怡然自得，是真真正正的水上人家。在我看來，茵萊湖的美，不僅在於碧湖藍天，晨曦晚霞，更在於當地人純樸平和的生活方式，令人不由得聯想到陶淵明筆下的世外桃源，歲月彷彿靜止於此。

不過這恬靜閒適的氣氛經常被其他艘載著旅客的機動小艇所打破，旅客們來自四面八方，異地相逢，彼此揮手招呼，好不熱絡。

↑湖區的孩童搭船上學

↑湖區的房子型態不一，有古樸簡陋，也有豪華現代

扁舟接著划進村落的主要水道，居民便是靠這些水道，划船往來及運載日常用品等，可能是為方便辨識，每條水道還標有名稱，就像陸路上的街道一樣。水道邊的高蹺屋建築樣式不一、型態各異，或豪華現代，或古樸簡陋。它們的功用也與陸地上沒什麼不同，寺廟、學校、市場、手工作坊等。

扁舟來到茵寶昆（In Phaw Khone）村的傳統編織作坊，還未停妥，已聞陣陣機杼聲。村民就地取材，用的是遍布湖中的浮蓮。作坊內一位婦女當場示範給我看，態度認真、一絲不苟。她首先將採摘回來的蓮花莖用小刀割開，左右拉開，抽出雖細卻有韌度的莖絲，接著揉成長長的絲線，再經過加熱、曬乾和染色等工序，最後編織成各式各樣、色彩鮮豔的製品，如服飾、日用品、絲巾等等。作坊內設有一處製品的展售區，由於製作步驟繁瑣，商品價格自然較一般編織品要昂貴得多。

湖區另外還有金、銀飾物作坊、手工雪茄製作坊等。或許為了招徠顧客，吸引更多人上門，湖區也招攬了幾名來自於泰緬邊境、聞名遐邇的長頸族人。這天我就在村中遇到三位長頸族的女性，其中一個還是小女孩。她們一邊織布，一邊供旅客拍照。長頸族的審美觀是以頸長為美、為傲，女孩五、六歲就會開始在脖頸上套金環或銅環，按年齡遞增，直至二十五歲為止。因為銅圈的重量不斷增加，壓迫肩膀變低，使得脖子看起來越來越長。不單如此，在她們手上和腳上亦分別戴有銅環等飾物，全身負荷相當重，看起來頗為驚人。

長頸族人

隨著旅客日趨增加，茵萊湖景區的旅遊業也逐步發展，有些漁民棄湖上岸工作，又或是改開設專做旅遊生意的商店，居民正逐步脫離過往那種與世無爭、桃源一般的生活型態。我發現，由於遊客的增加，湖中村落的環境已漸現汙染跡象，為了茵萊湖的永續發展，希望當地居民和相關單位能察覺到這些問題，設法維護環境，並保存湖區的原貌風俗，否則幾年以後，或許此處將不復桃源的模樣了！

↑手工雪茄製作坊

↑傳統編織作坊

茵萊湖上好風光

群山從三面環抱著一汪碧波蕩漾的湖水，茵萊湖像幅迷人的畫卷，令我流連忘返。連續兩天，我都乘著扁舟，欣賞這兒的美麗景緻，尋訪獨特的傳統文化和風俗。

緬甸人民主要信奉佛教，茵萊湖的居民也不例外，湖中建蓋不少寺廟佛塔。我順著水道，漂遊到其中兩座最具名氣的寺廟。

納頗僧院（Nga Hpe Kyaung）又叫跳貓寺（Jumping Cat Monastery），別名的由來是因為寺院僧侶曾豢養十多隻「靈貓」，這些「靈貓」在長期訓練下，能夠靈巧地跳越圓環，許多人便是衝著靈貓表演而來。儘管原本的住持過世之後這項表演已然取消，但跳貓寺之名已

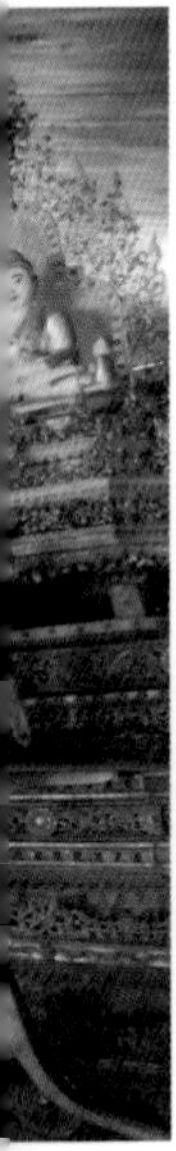

↑跳貓寺外觀

經不脛而走。雖然貓跳已成絕響，寺院仍有可觀之處。它建於一八五〇年左右，是湖區歷史最悠久的木製建築結構寺廟，整座寺院以柚木建造，沒有用上一枚鐵釘。欣賞寺院建築之餘，還可以見識到包括蒲甘、撣邦、西藏和阿瓦地區風格不同姿態的佛像，一舉數得。

另一間寺廟的名氣更大，彭都奧佛塔（Phaung Daw Oo Paya）又叫五佛寺，供奉五尊十二世紀的古老佛像。每年九到十月緬曆的點燈節（Thadingyut）期間，五佛寺會舉行為期十八天非常盛大的佛像遶境，僧侶和信徒們將五尊佛像中的四尊供奉在一艘漆上金色、裝飾成神話中的鳥hintha的華麗船隻上，巡遊湖區。傳聞在一九六五年的一次巡遊遶境中，突遇大風把船隻打翻，五尊佛像只尋回其四，返回佛塔時，赫然發現遺失的那尊神奇地端坐在

↑跳貓寺內供奉的神像

↑神像已被金箔裹成金葫蘆

佛塔內，佛塔因為這神蹟而聲名大噪。虔誠的信徒們將金箔貼在這五尊佛像，長年累月之下，厚厚的金箔把佛像裹得如同一團團的「金葫蘆」，早已看不出原本的面目了。

在我看來，世界上無論何種宗教，絕對不缺乏聖蹟傳聞，孰真孰假？自然是信者恆信，而對我這無神論者來說，且把神蹟當故事聽了！

↑五佛寺外觀

↑單腳划船的漁夫　↓單腳漁夫成為一種表演，供旅客拍照、賺取小費

茵萊湖上絕不容錯過的重頭戲，是單腳划船的漁夫。

我乘坐的小艇原先在湖面上飛速滑行，途中恰好遇到一艘捕魚小船，我的船夫便放慢速度，最後甚至關掉馬達，便利我近距離靜觀。只見船夫以單足站立船頭，餘下一腳看起來彷彿綁著一支船槳，近看才發現他用腳勾纏住木槳，隨著獨臂單腳劃動，小船緩緩滑行。由於無須雙手划槳，便能騰出手來撒網、收網，動作流暢，一氣呵成，技術非常了得。

毫無疑問，這是茵萊湖最具特色的一幕。茵萊湖的漁夫長期在湖面捕魚為生，或許是經驗累積而成的獨門技術，或許是過去哪位漁夫的別出心裁，而後被其他人爭相效法，最後演變為此區獨特的捕魚方式。實用性暫且不論，隨著當地旅遊業的發展，單腳漁夫也成為一種表演，在旅客前擺出各種姿勢，讓大家欣賞拍照，換取小費。

在湖上觀賞他們世上獨有的划艇和捕魚技術，不失為賞心樂事。也令我聯想到《舌尖上的中國》記錄片中曾有一集介紹到中國唯一以海為生的少數民族——京族，還有廣西萬泥漁村最後那五位會腳踩高蹺捕魚的漁民。隨著現代化進程以及自然環境的變化，在過往很長一段時間漁民們賴以生存的捕魚方式逐漸式微，演變為民俗表演項目之一。

一整日，我都在水波不興的湖面上漂遊，緩緩掠過一座座的水上人家，穿梭於一壟壟的浮島，享受著「閒雲潭影日悠悠」，直至夕陽西下，遠看漁夫獨立於船頭的剪影，背景是倒映著餘暉的粼粼波光，此情此景，於我自是「此中有真意，欲辯已忘言」了。

翌日，小艇載著我晃晃悠悠來到湖的另一端。此刻天還未亮，夜色沉沉，周圍一片寂靜，只聽到扁舟滑過湖面的嘩嘩水聲，以及引擎的咆哮聲。湖水的漲降，使得水道上原本位置固定用作標記的竹竿產生位移，船夫不得不提起精神努力辨識方向。我擔心小艇會誤入「險區」，不敢高聲談笑影響船夫，心想早知如此，倒不如取陸路會較安全。

經過大半個小時，小艇終於靠岸，到達乘坐熱氣球的集合地點。其實我早已有過搭乘熱氣球升空的經驗，對我來說並不是什麼新鮮事。不過目前茵萊湖僅此一家提供熱氣球服務，且升空的熱氣球只有兩個，是剛出爐不久的一項新服務。駕駛員是一位來自澳洲的女士，乘客除了我之外，另有六位來自三個家庭的新加坡乘客。他們竊竊私語，像是擔心安全問題。我憑著闖南走北的經驗，沒有絲毫顧慮，二話不說就躍進熱氣球裡。

在晦暗熹微的晨光中，熱氣球緩緩上升。湖面上瀰漫濃濃的霧氣。接著，遠方群山的後方，朝陽緩緩露臉，隨著旭日的逐步高升，萬道霞光霎時染紅了半邊的天空，霧氣開始消散，湖區的景緻漸漸變得清晰鮮明，讓我更加看清遠處的群山和山間的佛塔。

從高空朝下觀看湖中的浮島以及一排排架著竹竿的水上園圃，與前一日搭乘小舟穿梭於浮島群的感受完全兩樣，水上農田密集而壯觀，場景相當震撼。廣闊湖面上有位漁夫單腳划船徐徐前行，傳達著孤寂與冷清；農地裡辛勤耕作的農夫望見我們時開心揮手招呼，又讓我們感受到這地方的熱情好客。整趟熱氣球之旅讓我從另一個角度欣賞破曉時分茵萊湖從沉睡至甦醒的過程，展現其自然清幽的美，可說是不虛此行！

↑準備中的熱氣球
↓搭完熱氣球後可獲得證書

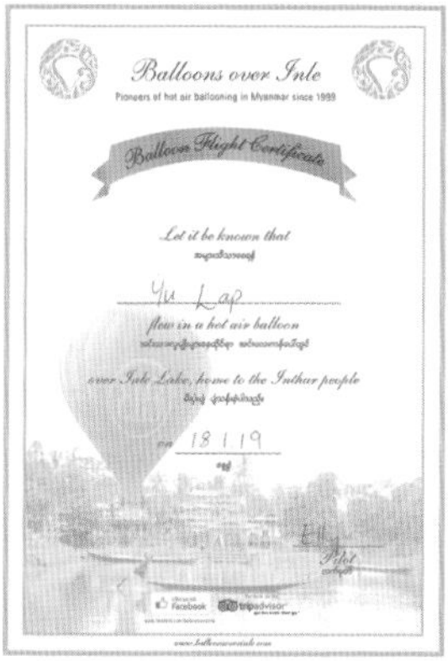

↑↓從熱氣球上觀賞朝陽與湖景

↑↓從高空俯瞰當地的田園景緻

返樸還淳的遺世村落

　　茵萊湖區有兩個大型佛塔群，分別是東南方的卡古佛塔林（Kakku Pagodas）和西南岸茵生村（Inthein）的瑞因登佛塔（Shwe Inn Thein Paya），後者距離茵萊湖最近，我便選擇它作為湖區行程的最後一站。這個偏僻遺世的小村莊在茵萊湖的另一端，我依然乘上小扁舟，沿一條在樹林掩映下十分隱密的彎曲狹窄河道逆流而上。溪流湍急，兩側是茂密的蘆葦蕩、蔥蔥樹林和村舍人家，環境原始質樸。前行約半個多小時，河道忽然寬闊起來，原來已經抵達了茵生村的碼頭。初看茵生村，頗有一份返樸還淳的氣息。村民在河畔洗濯衣物、游

↑瑞因登佛塔群

泳、沐浴，旁若無人，逍遙自在。碼頭邊已停有數艘扁舟，看來都是載了旅客來此觀光的船隻。我棄舟登岸，碼頭前有個小市集，向旅客販售服飾、掛畫等。

瑞因登佛塔是此行的重點，位置在村子南面的山上，可沿山路步行上山。不過午後烈日當空，我惟恐體力不支，在登山路上遇到一位十六歲的小伙子，他願意用摩托車送我一程，我就這樣體驗了人生中的第一次「摩的」（按：摩托車的士，亦即以摩托車作為出租型的交通工具），風馳電掣往山上駛去。

不一會兒，規模龐大的瑞因登佛塔群就呈現在我眼前，總數足足有一〇五四座，這些佛塔有新有舊，大多數建於十七到十八世紀間，磚紅、灰白和金黃等顏色和樣式不一的佛塔有些已經過修葺，保存狀態完好，有些則是飽經風霜、傾頹歪斜的殘塔，靜靜佇立蔓草間。據導遊說，每位到訪的旅客都會被萬千佛塔羅列的景緻所震懾。我穿梭在千座佛塔林之間，仰頭望去，無數塔尖高聳，直指蒼穹，景象蔚為奇觀。

塔群中有許多佛塔是由來自世界各地的虔誠佛教徒捐建，只要心誠，皆可自資捐建佛塔，不拘材料和大小。我突然發現其中兩座小巧玲瓏的佛塔居然是由臺灣靈鷲山佛教團所捐建，見到塔上的中文字，又來自寶島臺灣，感到分外親切。我如獲至寶，馬上將佛塔拍攝下來，並傳給在臺灣的朋友，分享異地的奇遇。

為了欲窮千里目，我獲得年輕小伙子協助，繼續騎車向上，前往宛如圓錐形的山頂。然而山路陡峭，滿布砂石，摩托車最終未能直達。所幸在小伙子的攙扶下，我得以在砂石山路上一步步前進，終於冒險登上最高處。從制高點往下望去，感受果真截然不同，山下的村莊和佛塔群盡收眼底，尤其是密密麻麻的塔群，場面何等宏偉壯觀！遠眺數公里外的另一座山頭，見到數座佛塔，我好奇心起，不顧路程的顛簸，再度騎上車出發，穿過小村落的市集、橫越清澈的激流，最終登上另一山峰。此處可以近觀古舊殘破的佛塔，從外觀就可以體會到它們的歷盡滄桑。我站立在塔前，既「發思古之幽情」，亦「吟傷今之離恨」，品味到一種肅穆蒼涼的氛圍。

↑臺灣靈鷲山捐建的佛塔

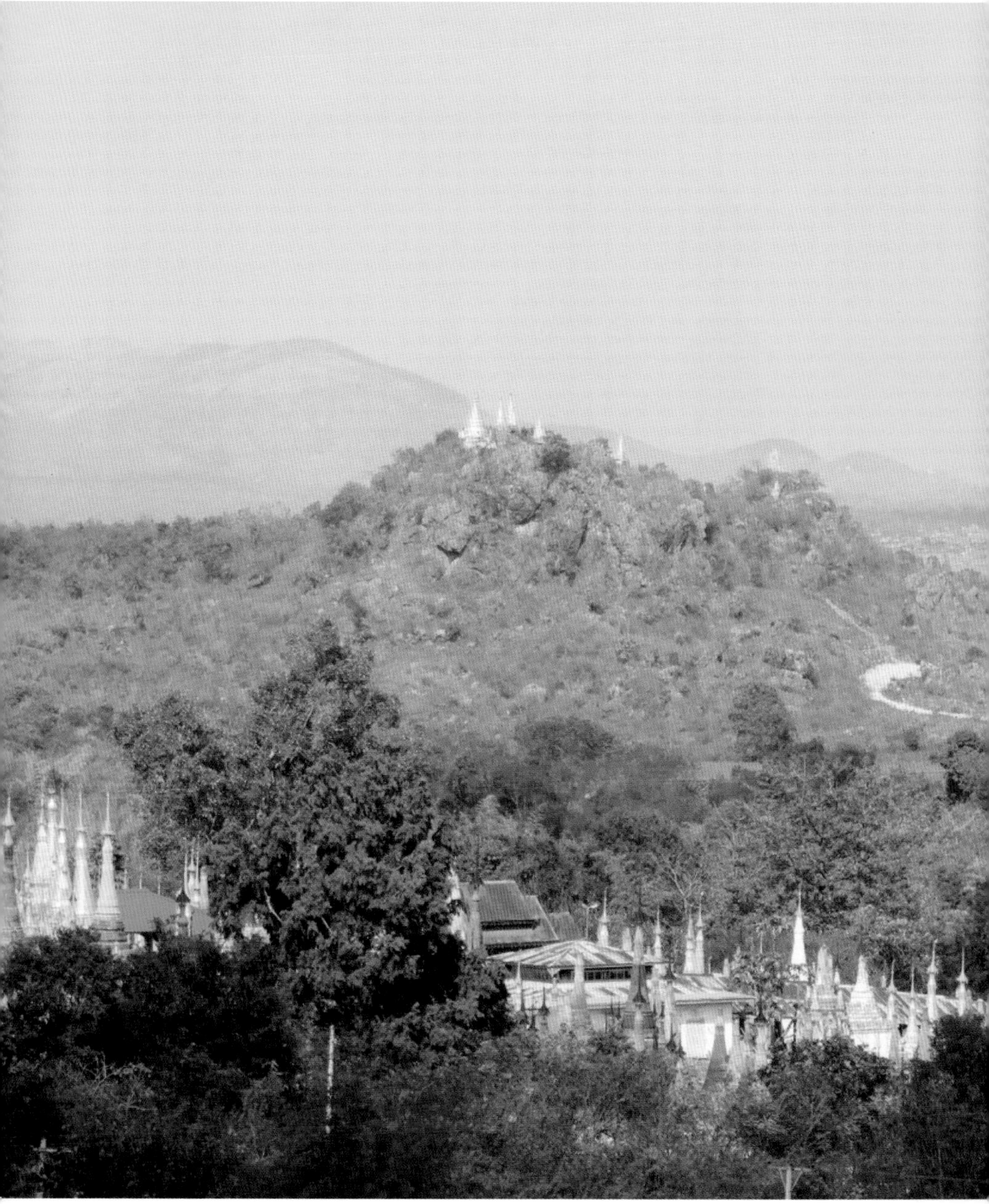

↑遠眺瑞因登佛塔群

←↑茵生村的碼頭與市集

茵生村地處偏僻、遠離繁華，環境相當清幽，民風依舊淳樸，到處可見佛教徒，並沒有因為佛塔的殘破而失了敬意，反而愈見虔誠。我想像著居住在此處的生活會是怎樣的景況，不免自問有朝一日是否有勇氣捨棄繁囂鬧市，成為一個「寢跡衡門下，邈與世相絕」的隱士。

茵萊湖區周邊的古蹟勝景很多，包括育瓦瑪（Ywama）水上市場在內的五日市場、舊城區、水陸各半的萬道村（Maing Thauk）、空丹小鎮（Khaung Daing）和多處佛塔，我統統未能遊遍。囿於下一個行程的安排，翌日只得帶著一點遺憾與茵萊湖道別，步履不停，朝「萬塔之城」蒲甘（Bagan）前進。

ASIA DMC

↑蒲甘機場

手指之處皆浮屠

蒲甘與茵萊湖距離不遠，卻因尚未建設完善的公路網，公路條件又差，所以不得不乘搭內陸機，飛行時間不消一小時，就抵達目的地了。

蒲甘位於緬甸中部心臟地帶，伊洛瓦底江岸的沖積平原上，巴利語稱為「阿利摩陀那補羅（Arimaddanapura）」，旅行家馬哥孛羅（Maco Polo，或譯為馬可波羅）到此一遊後，讚嘆蒲甘擁有「世界上最美好的景緻之一（one of the finest sights in the world）」。它與吳哥窟、泰姬陵的聲名不相伯仲，各有千秋，是中古時期亞洲文明的象徵之一。

蒲甘面積逾四十平方公里，分為三大區域：老蒲甘（Old Bagan）、新蒲甘（New Bagan/Bagan Myothit）和良烏（Nyaung U）。其中老蒲甘是一處令旅客留戀不捨的勝地，中國詩人陳毅元帥遊過此地後，又賦詩云：「蒲甘聖地欣同遊，佛塔百萬四野稠」。蒲甘的佛塔寺廟比比皆是，我循著詩人的足跡，尋訪所謂的「手指之處皆浮屠」。

蒲甘歷史悠久，在公元八四九年已初建城，當時有十二座宏偉的城門，周圍並修築護城河環繞。到了一〇四四年，登基的阿奴律陀王結束部落割據的局面，統一了緬、撣、孟等民族，蒲甘王朝進入黃金盛世，直到兩百多年後，一二八七年忽必烈的蒙古鐵騎長驅直進，搗破王城，緬甸第一個統一的王朝走向式微衰落，至一二九七年滅亡。

蒲甘王朝的締造者阿奴律陀在緬甸民眾心目中是個偉大英明的君主，他與後來的莽應龍（Bayinnaung，東吁王朝統治者之一）和雍笈牙（Alaungpaya，貢榜王朝創始者）被緬甸人民稱為「三大民族英雄」。

阿奴律陀篤信佛教，奉為國教。他乘著征戰，獲取多部「三藏經」（Tripitaka），並俘獲數百名高僧和大批技藝精湛的工匠。這些都為他日後在蒲甘大興土木，廣建佛塔和寺院打下基礎，提供資源。在他的大力扶持與弘揚之下，佛教深深根植在緬甸民眾心中，他因此被尊稱為「緬甸的阿育王」。

緬甸全國上下信奉的是南傳佛教，與北傳佛教，也就是中國信奉的大乘佛教（Mahayana）是佛教的兩大部派，以往有人稱為小乘佛教（Hinayana），因為帶有貶意，如今統稱為上座部佛教（Theravada）。信仰虔誠的緬甸君民認為捐建佛塔能夠淨除惡業，積累功德，才會造成佛塔如林的壯觀景象。

蒲甘王朝統治的兩百多年間，在蒲甘方圓數十公里範圍內建造的佛塔數量，有誇張的傳說是達到四百四十四萬座之多，因而有「四百萬寶塔之城」的稱號。不過較為可信的說法是大約一萬三千座，「萬塔之城」的美譽並不是浪得虛名的。

然而將近一世紀的滄桑歲月中，自然與人為的種種破壞，萬塔之城的輝煌不再，尤其在一九七五年發生過一次六點五級的強震，造成當地大約百分之八十的佛塔損毀。經過修復重建後，目前約有二二三〇座大小佛塔保存下來，繼續堅守於這片飽經風霜的土地上，依然保有它獨特的風采魅力。

我下榻的Aureum Palace酒店號稱是當地最高標準的酒店，

↑→Aureum Palace酒店的優美環境

房間是獨棟式的設計，四周環境清幽。酒店花園內有一座納明特觀光塔（Nan Myint Tower），屬新型建築，是過去緬甸軍政府建造的，原意是方便旅客登塔鳥瞰全區景色，毋須進入考古區攀登古塔。然而，這個建築物遭到聯合國教科文組織和世界各地文物保護人士的反對和抗議，認為該塔破壞蒲甘原本古樸的景觀，與當地格格不入。儘管高塔對外收費便宜，門票只收五美元，且提供酒店的住客免費多次使用，卻無法改變外地遊客進入考古區的熱情，門堪羅雀。觀光塔不受旅客青睞，我也不例外，過塔多次而未曾登上，反而熱衷於多次往返考古區。

要想在短短三天內完成整個蒲甘的旅程，深度探訪佛塔、寺廟遺蹟，是完全不可能的，我唯有聽從導遊的安排，將行程分為幾個精華部分，包括登塔觀日落、升空賞日出、遊寺廟群塔，再泛舟於伊洛瓦底江，以便充分感受千年古都的精緻與魅力。

導遊認為有一段欣賞古塔的路線十分精采，不容錯過，且乘搭馬車更節省時間。我們僱好了馬車，隨著專訪古塔的隊伍出發，浩浩蕩蕩走在老蒲甘的良烏公路（Bagan Nyanng U Rd.）上。馬車行經之處，揚起塵沙，我坐在馬車上剎那間就灰頭土臉了。遊目四顧，公路兩邊的平坦荒原上，除了樹木和草叢外，就只見到星羅棋布散落的佛塔，或大或小、或高聳或低矮，樣式萬千，各有特色，一時間我只感到眼花繚亂，分不清哪是塔，哪是寺。這些佛塔有的密集成群，也有的單獨遺落在荒原一隅；有的外觀完好，部分則傾斜倒塌，更有不少只剩下斷壁頹垣、磚石瓦礫，想必與地震的摧殘脫不了關係。

緬甸政府近年來為了更妥善地保護考古區內的古蹟，已禁止旅客攀爬佛塔。然而若不登上塔頂俯瞰荒原、田野上的遺蹟，很難把萬塔盡收眼底，我只好不惜犯險，在導遊的「掩護」和協助下，冒險進入其中一座離公路不遠的瑞來陀塔（Shwe Leik Too）內。塔的規模不大，內有一尊坐佛，還有一條陰暗陡直的石階直通塔頂平台。我幾經艱難登上塔頂，卻意外地發現同道中人，幾位來自臺灣的旅客早已捷足先登，占據了朝西面觀日落的最佳方位，正靜候夕陽西下。看來為了一覽群塔而甘願犯險的不止我一人，大有人在！

此際金色的斜陽投射在赭紅色的塔群上，距離日落西山還有約半小時，我見事不宜遲，馬上動身趕往另一個觀光點。帕塔達佛塔（Pya-tha-da Pagoda）幾乎是旅客觀日落必到之處，它的平台寬廣，可容納逾千人。塔下面是片遼闊的平原田野，更遠些是草叢與林木間夾雜著一座座樣式不一的古塔，遠方則是綿延起伏的群巒，遠、中、近皆視野無阻。當渾圓的夕陽徐徐落下，與地面的距離越來越近，色彩開始出現多種變化，除了將天空映照得通紅，周圍也同時顯現出多種色彩，如紅、橙、紫等，璀璨多姿。大自然環境如此壯闊而絢麗。隨著刺眼的光芒逐漸轉為溫和，天色逐步變暗，眼前林立的古塔群與背後的山巒成了平原上美麗的剪影。這段時間內，我幾乎沒有停下按相機快門的動作，試圖留下這奇幻的景象。直至太陽消失於山的後方，大地終於呈現空曠寂寥，我也終於從那神奇的國度返回到現實中。

我踏過千山萬水，到訪一百四十五個國家，觀日落無數，唯獨蒲甘的日落，既顯得夢幻，又呈現壯美的景緻，令我久久不能忘懷。

↑蒲甘的日落景致

↑納明特觀光塔

↑由空中看蒲甘日出

日出蒲甘紅似火

我原以為日落蒲甘已是極致，不料當日行程結束後，導遊居然說，「蒲甘的日出更勝日落」。憑著這句話，我毫不遲疑決定翌日拂曉前出發，再觀日出。

導遊亦推薦在舊城區外的明噶拉塔（Mingalazedi Paya），意為吉祥寶塔。佛塔位於伊洛瓦底江畔，高逾四十米，登上佛塔的平台，周遭視野廣闊，一望無阻，使之成為觀日出的另一理想地點。該塔是蒲甘王朝最後一座宏偉建築，由國王那羅梯訶波帝（Narathihapate）興建。據說曾有預言家表示：「當佛塔竣工之日，便是亡國之時。」因此佛塔中途曾經停建，建築從開始到完成長達十一年之久，而完工的十年之後，預言果然應驗，公元一二八七年蒙古忽必烈率鐵騎入侵，造成蒲甘王朝的末日。建塔的那羅梯訶波帝棄城而逃，這座塔取名吉祥實在諷刺，應該是「不吉祥之塔」才對。該塔也因為那羅梯訶波帝的出逃，而有「逃跑國王塔」的別稱。

導遊接著介紹佛塔不論在結構、造型和塔上的石雕規模方面，都十分別出心裁。高塔的三層平台角落分別有小的佛塔、壁畫和釉面瓷磚，相當有看頭。不過登塔的階梯非常陡直，按當地的規條，不管男女老少、富貴貧賤，進入佛塔、寺廟都得脫掉鞋襪，光腳登塔。然而清晨溫度頗低，石階上沾了朝露，更是冷冷冰冰、兼且濕滑，我評估登塔略有難度，於是放棄登塔，按導遊的另一個建議，選擇再乘熱氣球升空，欣賞蒲甘日出的景色。

熱氣球已成為本地的熱門觀光設施

乘坐熱氣球騰空觀日出，已成為蒲甘的一大熱門項目，每年十月至隔年四月是乘熱氣球的旺季。蒲甘一帶提供服務的公司共有三家，配套設備相較茵萊湖更為完善。三家公司的熱氣球分別以紅、黃和綠色來區分，其中紅色的公司與我日前在茵萊湖乘坐熱氣球的公司是聯營的，我也因此得到優惠。此外，根據酒店禮賓部的介紹，紅色公司享有較佳口碑，熱氣球也最多。

乘熱氣球的收費並不便宜，每位要價三百五十至四百美元不等，比起我在土耳其乘坐時的費用要高出一倍。雖然價高，卻並未影響旅客搭乘的興致。不少旅遊雜誌都曾經介紹蒲甘的熱氣球體驗，專業攝影師的美麗照片看來如夢似幻，吸引人們想要親身享受一場特別的日出饗宴。

我隨專車來到考古區外圍的集合地點，是個約四到五個足球場大的空曠荒地，現場的工作人員已做好十個熱氣球的升空準備。火光熊熊、滿載乘客的熱氣球先後升空，林中的雀鳥受到驚擾，一時之間紛紛撲翅亂飛。因為溫差的關係，清晨的大地籠罩在裊裊薄霧中，使得整座千年古城猶如雲霧迷濛的仙境，若隱若現。古塔、佛寺彷彿飄浮在雲朵之上。隨著太陽從地平線升起，金黃色的霞光灑落在平原田野上，好似為大地披上一襲輕紗，雲蒸霞蔚，好一幅夢幻絕美的圖畫！這種帶有奇幻氣氛的壯美著實令我畢生難忘。

工作人員做好升空的準備

搭熱氣球觀賞蒲甘全景

↑作者與工作人員合影
→搭熱氣球觀賞蒲甘全景

我搭乘的熱氣球隨風飄移，忽上忽下，掠過了好些古塔和寺廟，它們近在咫尺卻又遙不可及。此情此景，我腦海中不由得想起了英國名作家毛姆（William Somerset Maugham）在《客廳裡的紳士》一書中對於蒲甘佛塔的描繪：「晨霧中，它們隱約的浮現，碩大、遙遠而神祕，就像幻夢的模糊記憶。」

“(the pagodas) loomed, huge, remote and mysterious, out of the mist of the early morning like the vague recollections of a fantastic dream” (*The Gentleman in the Parlour*, 1930).

老蒲甘內外

結束了乘熱氣球鳥瞰蒲甘大地的塔林後，甫一著陸，接下來的行程從老蒲甘開始，最適合安步當車的遊覽方式。

九世紀時，老蒲甘已建有堅固的城牆，以及十二座雄偉的城門。然而再堅固的王城也終究抵擋不住時光的摧殘，千年的歲月洗禮使昔日的王城如今只剩下部分殘壁和一座城門遺蹟，這座城門就是塔拉巴門（Tharabar Gate）。城門的模樣仍依稀可辨，城牆相當厚實，不免令人懷想鼎盛時期古城會是怎樣的盛況。

最特別是城門兩側各有一個壁龕，一左一右，供奉的並非佛像，而是守護神靈納特，這兩尊納特互為兄妹，左邊是妹妹Hnamadawgyi（Lady Golden Face金面女士），右邊則是哥哥Maung Tint De（Lord Handsome英俊王），兩者皆為三十七尊官方神靈之一。這裡面包含一個悲傷的故事，據說有位國王懼怕哥哥的神力會威脅到他的王位，所以假意娶了妹妹，用意在誘捕她的哥哥。國王的計謀果然得逞，哥哥遭到逮捕，正當他遭受火刑時，妹妹不顧一切，也跟著縱身一跳，在烈火中一切都化為灰燼，只留下了妹妹的金面。兄妹死後化為納特，附在一棵樹上，國王砍樹之後丟棄於伊洛瓦底江，順流而下漂流到蒲甘。兄妹倆託夢給蒲甘國王，願意守護蒲甘城，國王

↑塔拉巴門

便將樹幹剖為兩半，刻上人的樣貌，運至波帕山（Mount Popa），使其成為山的神靈。後來國王更將兩人的塑像供奉在城門兩邊，成為守護神。

當地形成了一種風俗，每當人們的摩托車、汽車和馬車經過時，都會順道帶來貢品，供奉兄妹兩人。假如忘記未有帶上的話，就會發生事故，可說是非常靈驗，因此老百姓都會專程膜拜這對「門神」，祈求一路平安。

城門遺址的對面是一座金宮（Golden Palace），導遊說它不過是政府為了開發旅遊，在二〇〇八年重建的一個景點，是皇宮的複製品，並非歷史建築。我倒覺得無妨，仍舊進入參觀，見識一下蒲甘王朝舊日的風采。宮殿內外金碧輝煌，富麗堂皇，建築包括主殿、偏殿和花園等，宮內還以雕塑重現當年國王議事的場景，有點「雕欄玉砌應猶在，只是朱顏改」的感覺，令人唏噓不已！

↑↓金宮是皇宮的複製品

↑金宮入口
↓金宮的雄偉建築

↑↓老蒲甘的市集與小吃

↑作者與小沙彌合影

這天正值月圓之夜，是當地的一個節日，古城擠滿慶祝節日的集市。集市分乾貨區和小食攤檔區，到處人頭攢動，擠迫不堪，正適合體驗當地人民的生活實況。導遊表示集市一連幾天，越夜越熱鬧，一家人扶老攜幼遊逛市集，席地而坐，或聊天、或享受美食，這樣的生活在他們來說已足夠豐富而奢侈了。

仙人跨海休問，隨處是蓬萊

今日我繼續乘搭導遊為我安排的TAXI馬車，迎著晨曦朝露，聽著馬蹄踏擊地面的答答聲徐徐前行，順著導遊手指之處逐一瀏覽。也讓我真正體會到為何人們總是用「眼觀四方，所到之處皆是浮屠」來形容蒲甘。

導遊為了讓我對於佛教知識有更多的了解，樂此不疲地向我介紹佛塔的形狀和特點。平原上一座座的塔其實可分為佛塔和寺院，其中佛塔為磚砌的實心結構，無法進入或穿越；寺院則不然，內有供人們進入膜拜的佛像。塔和寺雖然外型變化萬千，但基本上塔基在早期為方形，後來才演變為多邊形等；主塔的外型則有半圓形、圓柱形、鐘形等樣式。導遊繼續補充道，其實不只佛塔造型多變，塔內的佛像大大小小更是型態各異，雕刻技術精湛，巧奪天工，甚至有的塔寺還留有精美的彩繪壁畫，這些古老的建築藝術都是緬甸珍貴的歷史文化遺產。

導遊為了讓我不錯過幾座最具代表性的佛塔，催促馬夫快馬加鞭，揚起陣陣沙霧。馬車加速奔往良烏西邊的地標——瑞喜宮佛塔（Shwezigon Pagoda，又譯為瑞西貢佛塔）。它始建於公元一〇三一年，歷經蒲甘王朝創始者阿奴律陀王及其子江喜陀王（Kyanzittha）兩代，長達六十年才建造完成。它是蒲甘王朝歷史最悠久的佛塔，是蒲甘佛塔的源頭，同時也是最壯觀、修建工程最為浩大的塔，不僅是蒲甘、也是全緬甸的佛教聖地。

若論塔本身的造型，並不複雜，一共有三層塔基，其上是八角形的平台，更上方則是高四十多米呈鐘形的主塔，全部用石塊壘成，外表再貼上金箔。傳說塔內珍藏了佛祖的鎖骨、額骨和牙齒舍利。塔基內壁嵌有五百四十七塊繪上精緻佛《本生》（Jataka）故事的釉陶畫。所謂「本生」故事，是講述釋迦牟尼未成佛時，在許多前世中修行的故事。此外，塔的四面各有一座像是涼亭般的方形寺廟，裡面供奉四米高的銅製立佛。周圍還有多座小塔和涼亭群。其中最有趣的是一座「父子殿」，殿內中只有兩尊端坐於檯上的雕像，一上一下，上方的是兒子，下方的是父親。這兩尊塑像面帶微笑，看起來憨態可掬，模樣相當討喜。令我不停按下相機的快門，以期將這些景物盡收入鏡頭內。

↑瑞喜宮佛塔擁有金碧輝煌的外觀

↑作者與當地僧侶合影

↑佛塔周圍的小塔與涼亭

我來此之前，曾翻閱過資料，知道有一座象徵中緬友誼的蒲甘涼亭，就在瑞喜宮佛塔的東門外。這座造型別致的涼亭要追溯到一九六一年一月八日，當時周恩來總理率領中國友好代表團訪問這裡，並捐款用以保護蒲甘文物。緬甸人民遂修建這座涼亭，作為紀念，象徵中緬兩國的永恆友誼。涼亭的正面用緬文鐫刻了「人民群眾使用中華人民共和國總理周恩來所捐之款做的善事」。我拿起相機，原打算拍下紀念碑，但見多人倚碑而坐，終究還是放棄拍照，無功而回。

我參觀的第二座代表性佛塔位於塔拉巴門旁的阿南達寺（Ananda Temple，或譯為阿難陀寺）。一〇九一年由江喜陀王修建而成，並以佛祖釋迦牟尼的弟子阿南達命名。我認為它應該算是當地最宏偉且最美麗的佛塔。

四米高的銅製立佛

↑阿南達寺

塔寺的底座為十字形，代表了平衡與和諧，內有迴廊，佛塔豎立於中央，淺黃色的塔身有七十多米高，與周遭相比，如巨人屹立一般，非常高大宏偉。結合周圍包括提供僧人居住、念經、藏經、授職、集會等多元用途的建築，形成一組氣勢宏大、主次分明又渾然一體的建築群。阿南達寺內東西南北各有一門，門內各有一尊大佛像，迴廊與外牆更有數千尊大小佛像，燦爛的陽光灑落於上，佛像更顯得生動而莊嚴。除了佛像外，另有講述佛《本生》故事的彩陶浮雕，以及無數小塔、動物和怪獸等雕塑。

有意思的是，南面那尊佛像面部表情彷彿會隨著我的視線角度不同而有所

↑從江上觀看卜帕耶寺

改變，當我站在正面或側面不同的位置凝視佛像，祂是面帶微笑的；走到佛的腳下仰望，祂的面容卻是莊嚴而肅穆。千多年前緬甸的建築雕塑工藝已如此高超，令我心生敬佩。寺內坐滿信徒，虔誠地跪拜佛像，禱告誦經。在如此莊重的氣氛下，我也放下相機，避免按動相機快門的聲響驚擾了他們的誦經。

從阿南達寺出來，再往前，位於老蒲甘西北方的就是卜帕耶寺（Bupaya）。它緊鄰伊洛瓦底江，在江邊就能看到這座閃耀金光的醒目佛塔。佛塔為驃族風格，呈圓柱形，有點類似燈泡的形狀。Bu在緬文中是葫蘆的意思，所以又有「葫蘆塔」的稱號。塔前有一面牌子，上書AD300，按考古學者的估計，此塔建造於公元三世紀，比蒲甘所有的佛塔都還早得多。不過還有另一種說法，認為葫蘆塔與蒲甘城牆差不多同一時期修建，也就是大約在公元八五〇年左右。遺憾的是，最初的佛塔已毀於一九七五年的強震中，如今所見立於兩層高臺上的巨大金色寶塔，是災後重建的版本，並非原本的歷史古蹟了。我駐足於平台上，欣賞眼前這條孕育緬甸文明的著名江河，橫臥在大地上，波光閃爍，川流不息。

蒲甘現存兩千多座古塔佛寺不可能一一造訪，這半天的遊訪，我只能囫圇吞棗，盡可能地多走多看。雖然未能好好消化所有塔寺的歷史和特色，卻能強烈地感受到蒲甘曾經是一個多麼強盛的王國，想像每天晨鐘暮鼓時，成千上萬的僧侶列隊走進佛塔膜拜、誦經的偉大場面。能夠親臨這些各具特色，或精巧、或壯美的宗教古蹟，經驗實在難得。

距離蒲甘五十公里外，有一座波帕山（Mount Popa），海拔一五一八米高，號稱是緬甸的「奧林匹斯山」，又被認為是佛教的宇宙中心「須彌山」。它同時是納特信仰的朝聖地，山神就是老蒲甘塔拉巴城門供奉的兄妹納特中的哥哥Maung Tint De。此外，山下有一座神母神社（Mother Spirit of Popa Nat Shrine），裡面則供奉了三十七尊官方納特的塑像。Taung Kalat海拔七三七米，是波帕山最有名的山峰，與四周的高度落差很大，像是拔地而起，看上去非常陡峭。峰頂有個遠近馳名的湯恩格拉德僧院（Taung Kalat Monastery）。導遊向我說明，若要登山，全程必須赤足，且階梯共有七百七十七級，在炎熱的高溫下，容易中暑，建議我放棄登山，不妨到對面的波帕山國家公園遠觀之。

途中穿越一座小村落，熱情的村民包括幾個孩童把我團團圍住，領我進入村舍參觀。我實地見識到蒲甘農村困苦的一面，住屋和校舍教室簡陋不堪，更別說對外的交通仍舊是崎嶇不平、滿是塵沙的泥土路。然而孩童天真無邪的笑靨，以及肩扛竹籃的村民羞赧但真誠的微笑，又令我深深感受到民風的樸實、勤勞和善良，以及不以窮困為苦、樂天知命的精神。在如今汲汲營營的大都市裡，想要找到這種特質，殊為不易。

國家公園內有個波帕山酒店（Popa Mountain Resort），我坐在酒店的露天餐廳休息一會。這兒的視野開闊，一覽無遺，遙望Taung Kalat山峰正矗立在前方。峰頂的湯恩格拉德僧院豎立金色的塔尖，令我想到峨嵋山上的金頂，正是一處「仙人跨海休問，隨處是蓬萊」。

↑ 坐在酒店戶外遠眺波帕山佛學院

雖然我未能登上Taung Kalat，卻在附近發現了意外驚喜，見到很多的化石。波帕山是座死火山，這片地帶有豐富的奇珍異寶，尤其是我喜愛收藏的矽化木（木化石），十分完整，儼如一片自然的石化森林（petrified forest）。我本想趁機搜尋各類罕見化石，為我在臺北開設的藏館「琥石琚」再添珍品，忽然記起接下來尚有柬埔寨的旅程，攜帶不便，唯有鳴金收兵，空手而回。

結束一整天的赤足佛塔行後，導遊建議此刻正適合泛舟於伊洛瓦底江，透過觀賞日落感受蒲甘山、水、神、人渾然一體意境的最佳時段，我也欣然前往。

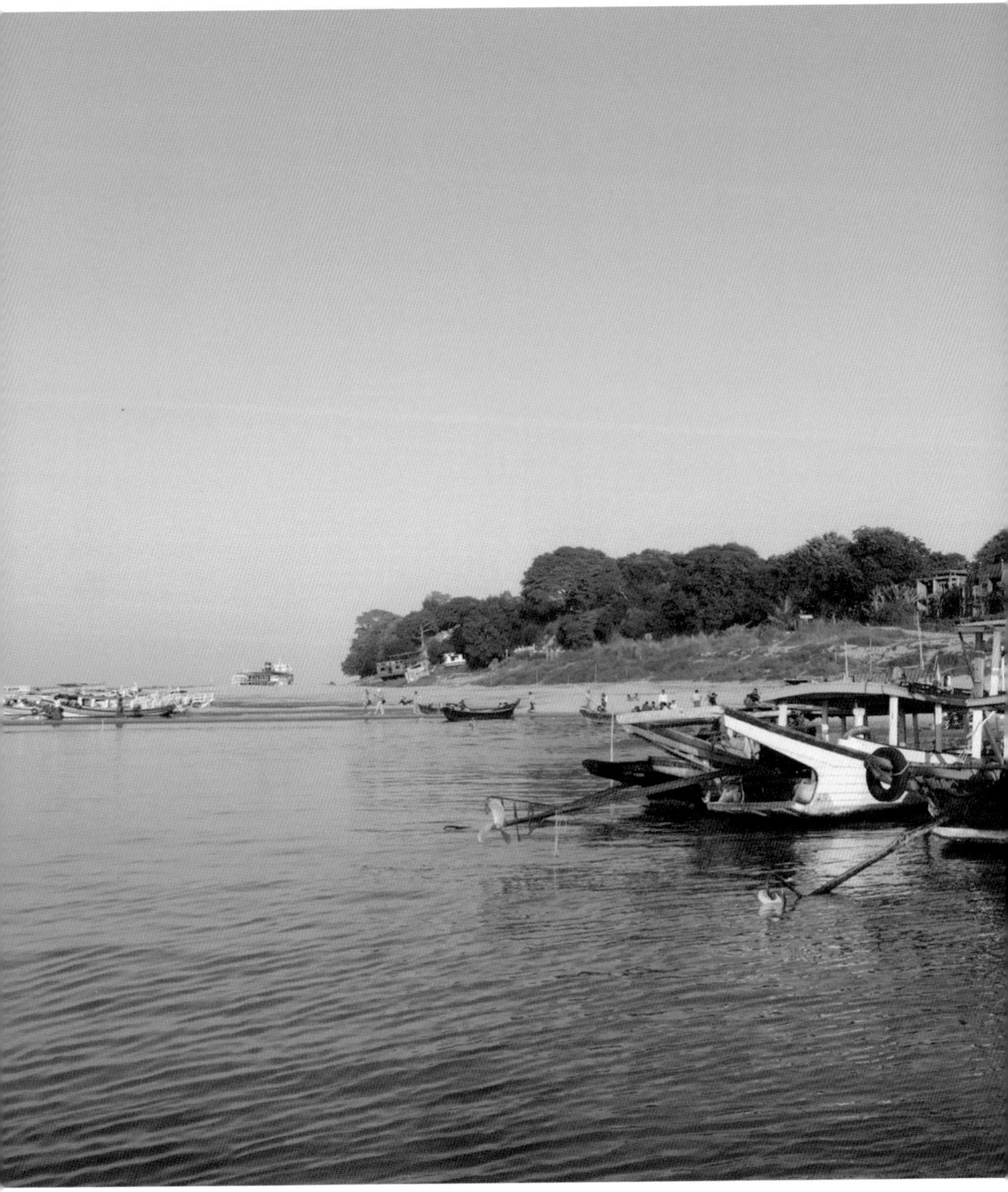

↑泛舟伊洛瓦底江，欣賞江畔風光

世界最大的皇城

告別了萬千佛塔的蒲甘，我的緬甸之旅也接近尾聲。在緬甸，佛塔多、寺廟多、僧侶多，可說是無處不見出家人，無處不聞誦經聲，「俯仰之間皆是菩提」。在彷彿遁世的錯覺中，我啟程直奔收官之地——曼德勒（Mandalay）。

曼德勒是緬甸第二大城市，位於緬甸中部平原，伊洛瓦底江的東岸，背倚曼德勒山（Mandalay Hill），因而得名。它的巴利語名稱有「多寶之城」的意思。由於緬甸歷史上著名的古都阿瓦（Ava）就在左近，所以又有「瓦城」之稱。

曼德勒是緬甸最後一個王朝——貢榜王朝的最後一個首都。一八五七年貢榜王朝的敏東王（Mindon Min）在此修築皇城，作為首都。敏東王是一位比較開放的君主，他在位的二十餘年，一面帶領人民抵禦英國殖民主義的入侵，同時創造輝煌燦爛的文明。然而，自十九世紀中，英國先後對緬甸發起三次侵略戰爭，直至一八八五年攻占曼德勒，並俘虜敏東王的繼任者錫袍王（Thibaw），貢榜王朝宣告滅亡。緬甸歷史上曾有過多座古都，完整保存下來的唯獨曼德勒的王城。

近二十年來，大量中國移民湧至，尤其來自邊境接壤的雲南省，使得雙邊貿易愈加頻仍，曼德勒的華僑人數幾乎已占了當地人口的一半，經濟成果也與華人長期的辛勤勞動和努力分不開。不過有些當地人擔心這裡終將成為中國境外的一個衛星城市，也認為古城的風貌將因此改觀。

曼德勒市內的街道設計，參考了歐洲城市的規劃方法，橫豎垂直交錯，街區方正。且與仰光類似，東西走向的街道使用六十以下的數字來編號，從北到南依次遞增；南北走向的街道使用六十以上的數字編號，數位越高越靠西邊。

儘管曼德勒是曼德勒省省會，是上緬甸的政治、經濟和文化中心之一，在我看來，同緬甸大多數的地區一樣，公共基礎設施依然很落後。但這絲毫不影響曼德勒的神聖地位，它不僅是乘載著燦爛歷史文明的故都，也是佛教聖地之一。據聞全緬甸僧侶超過五十萬人，其中五分之三都居住在這裡。

在我住宿的城中酒店對面，是一座耀眼的曼德勒皇宮（Mandalay Palace）。每天當我走出房間露台，占地廣闊、建築宏偉的皇宮盡收眼底。皇宮建於一八五七年敏東王年代，是緬甸王朝的末代宮殿，然而皇宮在二戰時曾被戰火摧毀，一九八九年緬甸政府開始根據歷史圖片和資料進行重建，花了七年時間，到一九九六年始開放讓旅客參觀。

皇宮整體呈正方形，每邊長兩公里，有四座主城門和八座邊門，城牆設有炮塔作防禦之用，牆外還有約七十米寬、三米深的護城河包圍，城牆四個角落建有角樓，乍看過去有點眼熟，讓我聯想到北京紫禁城。若論精緻華麗的程度，自然是無法跟紫禁城相比。不過曼德勒皇宮的占地面

↑曼德勒皇宮的尖塔

↑曼德勒皇宮

積約四百萬平方米，是目前世界上最大的皇宮，相當於紫禁城的五倍半之多。占地面積如此廣大，出乎我意料之外，也可以想見當年貢榜王朝是何等興盛。相傳當年皇宮的建築設計師來自於中國雲南，因此建築風格集中國、印度和緬甸於一體。

目前皇城內仍駐紮著軍隊，屬於軍事管理區，我和其他旅客只能從東門進入，且必須按規定的路線參觀。據說原本共有一百零四座宮殿，但重建修復的僅有其中的八十九座，且並非每座都開放參觀。

我順著指引來到寬闊的金鑾殿，此處為貢榜王召見群臣、議事的殿堂，有華麗精緻的尖塔，整座大殿由十五米高的金漆柱子所支撐。中央是國王的獅子寶座，以及敏東王和王后的塑像。此處展示的寶座是複製品，真品在仰光的博物館內。

↑皇宮內的宮殿寬敞氣派　↓曼德勒皇宮是全世界面積最大的皇宮

皇城內的建築以磚紅色為基調，木結構建築大部分使用有「萬木之王」稱號的柚木，這種木質細密而堅韌、不易斷裂，也不易被蟲蛀，可說是歷久不衰。屋頂有好幾層，一層一層疊上，且逐層縮減，這種建築形式稱為帕雅塔（Pyatthat）。特別是金鑾殿的尖塔頂，精雕細琢，工藝一點都不簡單。其中國王的宮殿在屋簷部分鑲有金色的邊緣，而后妃宮殿的屋簷邊緣則維持磚紅色。所有宮殿的規格大小是按身份而建。

皇宮外的護城河

皇城內還設有清幽雅致的御花園。不過宮殿內部的陳設並不多，許多已在戰亂中損毀或遭到掠奪。偏殿現在是文化博物館，展品不多，像是國王的服裝、用品和照片等，除了一張錫袍王的玻璃柱四柱床較為珍貴且有看頭外，似乎就沒看到什麼特別的精品了。

離開前，我不忘登上一百二十多階的瞭望塔，從三十多米高處俯瞰整座皇宮，從這兒甚至還能遙望遠方曼德勒山上眾多的佛塔和佛寺。

神聖的馬哈牟尼佛寺

導遊說，如果到曼德勒只看一個景點的話，就去馬哈牟尼佛寺（Mahamuni Paya）。

這間位於曼德勒西南方的著名寺院歷史可以追溯到一七八四年，不過一八八四年曾遭到祝融肆虐，現在的寺院是後來重建的。馬哈牟尼寺之所以如此受到尊崇，是因為裡邊供奉著火場餘生的馬哈牟尼佛，又稱大金佛。緬甸人對大佛寄予無限崇敬，相信祂可以帶來奇蹟。馬哈牟尼佛寺與我早前參觀過的仰光大金塔、孟邦大金石同為緬甸的三大佛教聖地。

據聞，佛祖的一生中鑄有五尊與祂同相的佛像，其中兩尊在印度，兩尊在天上，剩下的那尊正是馬哈牟尼佛像。話說緬甸西南部的若開邦（Rakhine）在古代稱為阿拉干王國（Arakan）。公元前五五四年，佛祖釋迦牟尼悟道後，帶著弟子與僧眾前往各地傳道說法，來到阿拉干的首都達雅瓦底城（Dhanyawadi）。當時的阿拉干國王是個虔誠的佛教徒，聽聞佛祖的到來，率領王族、大臣與隨從千餘人前去迎接，恭聽佛祖講道。講道結束後，佛祖即將離開，國王祈求佛祖能讓他鑄造一尊與佛祖容貌如出一轍的佛像，讓他的臣民都夠供養與膜拜。最後佛祖被國王的誠意打動，遂答應他的要求，在菩提樹下打坐七天。在這段期間，帝釋天（Sakka）下凡將國王與人民的奉獻按照佛祖的模樣鑄造出一尊佛像。據說在鑄造期間，佛祖用胸口七滴汗水注入銅水，鑄造完成後，佛祖又朝佛像注入七口靈氣，使得完成後的佛像果真與佛祖一模一樣。這尊經過佛祖親自開光的佛像就是馬哈牟尼佛像的由來。

↑前來參拜的信徒絡繹不絕

一七八四年，貢榜王朝的孟雲王（Bodawpaya，或稱為波道帕耶王）征服當時統治若開的謬烏王國（Kingdom of Mrauk-U），將佛像作為戰利品帶回首都阿馬拉布拉，並為此修建佛寺。

馬哈牟尼佛像地位神聖，當地人將祂視為佛祖真身，有著無窮的法力，佛寺也成為曼德勒香火最為鼎盛的地方，朝拜的信徒絡繹不絕。它給我的第一印象，就是金碧輝煌中不失莊嚴肅穆。走進佛寺，長長的拱廊貼滿金箔或漆上金黃色，更刻有精美的雕花，滿眼都是金光燦爛。身著紅色袈裟的僧人、朝拜的信徒以及各方旅客都得脫下鞋襪，赤足穿行於長廊。長廊的末端就是大金佛金身所在的大殿，眾多信徒匍匐在佛像前，這裡是整座寺院最熱鬧的地方。

大金佛的型態是一尊坐佛，約四米高，身上鑲有金飾與寶石。除了佛像的面容外，祂的前後左右全被金箔貼滿，甚至連寶座也沒有放過。歲歲年年，年年歲歲，片片金箔代表了無數虔誠的信徒的信仰和願望，一層又一層，據說最厚的部位足足有十六公分。與緬甸許多佛寺有相同的規定，唯獨男性善信才獲准登上神壇替佛像貼金，女性未被允許靠近佛像，只能在神壇的欄柵前膜拜祈福。我不由得順口問導遊一聲，莫非佛祖也有男尊女卑之分。導遊無話可說，唯有微笑以對。

大金佛的面容並未貼上金箔，顯得格外晶亮。根據導遊的介紹，佛寺每天清晨四點鐘都會舉行一項「大金佛洗面」儀式，儀式開始前，信徒會供奉食物、鮮花和香燭。在儀式當中，僧人和信徒虔敬地膜拜後為佛像洗刷臉龐，使用黃香楝樹樹幹磨成的特納卡塗抹，再以清水擦拭。揩抹

↑→男性信徒為佛像貼上金箔

臉龐用的毛巾是善信所敬獻的，待儀式完成後，這些使用過，代表經過加持的毛巾會交由善信帶回。

自一九八八年開始，「大金佛洗面」成為每天既定的宗教儀式，有不少信徒不遠千里前來守候這個神聖的時刻。我來到時，發現大殿早已擠滿了人群，於是我並未等待儀式開始，就先行離開，前往烏本橋畔觀日出。

待觀賞日出後，我又重返佛院參觀。大殿上依舊留有眾多信徒和遊客各自繼續忙於為佛像貼上金箔、跪拜誦經，殿內誦經之聲不絕於耳。

至於大殿以外，相對而言，信眾就相當稀少。另外三面的神龕前信眾也不多，較大殿清淨多了。我悠閒地觀看有關佛祖故事的壁畫後，來到室外，此時才真正看清佛寺的外觀。它的主體是一座巍峨的尖頂大金塔，在晨光下，特別耀眼奪目。

導遊介紹說，塔尖上鑲嵌一顆重七卡拉的鑽石，非常珍貴罕有。二〇一七年底，金塔進行全面的清洗和維護，卻赫然發現鑽石不翼而飛，佛寺的管理人員嚇得魂飛魄散。經過多番追查，才發現全都是一場誤會。原來該顆鑽石在二〇一六年五月被前任住持妥善保管在保險櫃中，因為新舊住持未做好交接，引來一場虛驚。如今鑽石已經重新安置回塔尖。

兩旁的側殿，展示了古代的大銅鑼，以及有幾尊古舊的銅像。導遊特地囑咐我別忘了伸手撫摸幾下，祈求平安吉祥。佛寺旁還有一座博物館，敘述了佛教的歷史，並陳列來自世界各地，特別是亞洲地區的佛像和漆器。

↑佛寺上方是座尖頂大金塔

曼德勒尋幽訪勝

身為曾經的王朝首都，曼德勒城內不乏古蹟名勝，甚至擁有「世上最大的經書」。這最大的經書到底有多大呢？我滿懷好奇前往一探究竟，才知道原來是將佛教的經典「三藏」（Tripitaka）刻在大理石碑上，一塊石碑等於一頁經書，總共有七百二十九塊。與其講是經書，不如說它其實是一座龐大的碑林。這舉世無雙的「碑林經書」就藏身於美麗的固都陶佛塔（Kuthodaw Pagoda，或譯為鳩婆陶）內，也被稱為「石經院」。

寺門前豎立了兩塊石碑，一塊說明寺院已被列入世界文化遺產名錄內，另一塊則用英文和緬文簡單介紹這本「世界最大的書」（The World's Biggest Book）。

寺院內除了四條以柚木建造的長廊呈十字交錯外，大部分是露天庭園，面積相當廣闊。午後，地面經過熾烈陽光的「烘烤」，格外灼燙，我依舊得和其他信徒一樣脫下鞋襪，忍受地上熾熱高溫，赤足步入寺內。

導遊先引領我來到位於中央的一座大金塔，金塔建於一八五七年，名字叫「摩訶魯迦摩羅辛佛塔」（Mahalawka Marazein），又叫固都陶佛塔，形式為仿照蒲甘的瑞喜宮佛塔而建。整座金塔燦爛炫目，華麗堂皇，在艷陽高照下，顯得格外有氣勢。

↑固都陶佛塔入口與長廊

固都陶佛塔金光耀眼

↑小白塔群與石碑經書

關於固都陶佛塔的歷史，導遊娓娓道來。一八二四和一八五二年，貢榜王朝經歷兩次英軍的侵略，部分領土被英國占領，正值風雨飄搖、動盪危難之際。一八五三年，敏東王與弟弟加囊親王（Kanaung Mintha）推翻了前任的蒲甘王，成為新的貢榜王朝統治者。他面對搖搖欲墜的境況，非但沒有萎靡不振，反而為了振興王朝，致力於國內的改革。為了弘揚南傳佛教（即上座部佛教），興建石經院，祈求經典能夠長存世間，也祝願國家能夠國泰民安，江山永固。一八六〇年，他命人打造世上最大的「經書」，把「三藏」經用巴利文（Pali）鐫刻在大理石石碑上。且為了更妥善保護七百二十九塊石碑上的經文，又蓋起一座座大小樣式一致的小白塔，替每一塊石碑遮風擋雨。這些小佛塔的形式屬於「倒吊鈴形」，塔頂也裝有金色的小鈴。就在如此嚴峻的環境下，石經院花了七年多時間，直到一八六八年才修建完成。

我跟隨導遊「閱讀」碑林的經書。置身於七百二十九座

↑固都陶佛塔美輪美奐的建築

雪白的佛塔，特別感受到此間的莊嚴與聖潔。現在全部的小佛塔都加上了門鎖，只有其中一座開放外界參觀。我進入白塔內部，見到石碑兩面刻著密密麻麻的經文，其中一面是緬文，另一面則是巴利文，我欣賞並撫摸著石碑，並為各方好友祈求福泰安康。

據說當年敏東王為了確保刻在碑上的經文準確無誤，還特別安排專人監刻，每刻一塊都經過仔細覆核；並宣布若有人發現碑文錯漏之處，將提供重賞，結果自始至終都未曾有人前來領獎，可見經文內容的正確性。不僅如此，待碑文刻好後，雕刻的人還必須用手逐塊撫摸經文是否平滑工整，製作過程認真細緻，一絲不苟。

一八七一年，敏東王在此處舉行佛教的第五次聖典結集（Fifth Buddhist council），結集目的在於檢查審核經典是否有所遺漏，或遭到扭曲、竄改，以確保一切無誤。兩千多名高僧響應敏東王的召集，來到曼德勒，以接力的方式不間斷地誦讀七百二十九塊石碑上的經文，工程相當浩大。

有幾排白色小塔之間，栽種了樹木，既具有保護佛塔的作用，又產生綠蔭讓善信們在炎熱的天氣下漫步白塔時，得以有休憩納涼的地方。此外，中央金塔廣場周邊的涼亭也是舒緩高溫之苦的好地方。

固都陶佛塔附近，另有座山達穆尼寺（Sandamuni Pagoda），是一八七四年敏東王為了紀念在一場政變中被謀殺的親弟弟加囊親王而建，據說寺中央的金色佛塔便存有加囊親王的骨灰。大金塔位於一座平台上，四周有較小的金塔圍繞，更外圍則是數量眾多的小白塔。主塔和白塔的塔頂都裝有風鈴，叮噹的鈴聲隨風響起，或許敏東王便是藉此寄託對亡弟的哀思。我站在平台上，環顧四周，一座座白色小佛塔彷彿簇擁著直指晴空的尖塔，排列整齊猶如布局對稱的方陣。

緬甸的寺廟多為磚石築成，但有一座金色宮殿僧院（Shwenandaw Kyaung），又稱柚木寺，顧名思義是全柚木的建築，三層的結構中，未使用一磚一瓦。整座建築建於一八五七年，最初位於曼德勒皇宮之中，是敏東王和王后的寢宮，也是敏東王駕崩之地。他的繼任者錫袍王為了避諱，在一八七八年將整座建築從原址拆遷到了現在這個位置，並改為一座僧院。正因為這次搬遷，使其無意中避開了二戰期間的轟炸，免於被炸毀的命運，完整地保存下來。

滄桑而厚重，是這座柚木寺給我的第一印象。數百根粗大的柚木立柱將寺院整體架高，底部懸空，通風又防潮。第一層的主殿周圍被一圈迴廊所環繞，主殿向上逐層收攏，層層疊疊，立體感很強。

↓山達穆尼寺中央的金色佛塔

金塔外圍有許多小白塔

↑外觀滄桑的柚木寺

柚木寺有一個極其鮮明的特色，就是雕刻。無論立柱、牆面、屋脊、門窗或是隔板，密密麻麻滿布著雕刻，以傳統緬式風格雕出的內容包含人物、鳥獸或植物花紋等，紋路清晰而生動，唯妙唯肖，做工可說是非常精細。每個角落都以繁複的紋樣和雕塑點綴裝飾，歷經逾一百五十年的洗禮後，這些上好柚木的雕刻依然散發無比魅力，令人驚嘆不已。寺院已成為一件大型的木雕藝術品，也是木構建築的經典之作。而今為了保護這些珍貴的木雕，如今外部的雕刻塗刷了黑漆，使得整幢建築看起來黑黝黝的，更顯得厚重暗沉。

為何純柚木的寺院會稱作金色宮殿呢？當我走進殿內，不難發現粗大的柚木柱和頭頂的天花板都留有金漆的痕跡，依稀可以想見最初整座建築都塗滿金漆的華麗模樣。可惜歲月的流逝褪去了曾經的輝煌，脫落的金漆年久失修，帶來歷史的斑駁。唯獨正殿內的佛像經過修繕，依舊保有金光閃閃的容貌。

主殿裡面靠近佛像的區域仍然有男女之別，男性可以進入，女性是禁止入內的。我一路走過緬甸眾多寺廟，對於這種規定，已經見怪不怪了。

最後我們還找到一座由中國人出資興建的喜迎賓寺院（Shwe In Bin Kyaung），建造者是一位發家致富的玉石商人。這也是一座以雕花柚木為主體的寺院，大殿、樓梯、欄杆和寺院頂上的飛簷同樣雕滿細膩精美的圖案，與柚木寺不遑多讓。相較柚木寺，此處遊人不多，更顯得安靜而富有禪意。導遊說由華人建造的寺院，在曼德勒也僅此一座，甚是難得。

↑柚木寺內依稀可見當年的金漆痕跡

↑喜迎賓寺內精緻雕塑裝飾

↑柚木寺處處充滿雕刻裝飾

↑由華人出資興建的喜迎賓寺院

烏本橋的迷人風采

曼德勒周邊有四座各具特色的古城：茵瓦（Inwa，舊名阿瓦Ava）、阿馬拉布拉（Amarapura）、實皆（Sagaing）和敏貢（Mingun），其中前三者都曾經是貢榜王朝的首都，如今也都是來到曼德勒時不容錯過的必遊景點。

遊古城離不開拜訪佛教聖地、了解緬甸歷史文化、欣賞田園風光等，不過有些景點居然讓我在曼德勒的短短四天旅程中往來兩至三遍，阿馬拉布拉古城內有一座烏本橋（U-Bein Bridge），就令我一再流連。

在緬甸旅遊的這幾天，我幾乎每日都觀看日出日落，無論是沒入伊洛瓦底江的滔滔河水中，或是從茵萊湖連綿的山巒間升起，又或是自蒲甘的萬千佛塔中升起與落下，總令人讚嘆不已。烏本橋的日出日落，跟其他比起來可是毫不遜色。

烏本橋建於一八五〇年左右，當年貢榜王朝決定由古城阿瓦遷都至阿馬拉布拉時，那時的市長烏本把阿瓦皇宮拆下來的部分柚木材料用在建橋工程中，無論橋墩或橋面一律使用珍貴的柚木。橋高約五米、寬兩米，橋身橫跨東塔曼湖（Taungthaman），橋長一千兩百米，至今仍是世界上最長的柚木橋。木橋以兩排並列的木樁支撐，計算下來一共有一〇八六根木樁，木樁之間還架

↑烏本橋是世界最長的柚木橋，只有少許部分換成混凝土樁柱

有橫梁，增加安全與安定性。經歷一百六十多年各種天災的洗禮考驗，烏本橋依然屹立，至今只有橋中間少許部分換上了混凝土的樁柱，其餘仍維持原本的木製結構。

橋上以等距的間隔還建有六座亭子，供行人遮陽躲雨。緬甸人認為這六座亭子代表的是佛教的「六和精神」。所謂「六和精神」即是戒和同修（戒律面前平等）、身和同住（行為上互不侵犯）、口和無諍（言語上和諧）、意和同悅（精神上志同道合）、見和同解（在思想上有共識）、利和同均（經濟上均衡分配）。

除了歷史的古韻和佛教的意涵外，緬甸人還相信戀人們一同走上烏本橋，祈求相互永保這六種和睦互敬的精神，將讓愛情更為長久，使得它也被當地人視為「情人橋」或「鵲橋」。這說法也讓各地旅客不遠千里而來，青年愛侶在此海誓山盟，冀能相伴由橋的這一端走到對岸的盡頭。

↑烏本橋是當地人的往來重要通道

如今烏本橋不僅是當地人的來往的通道，亦是聞名海外的旅遊熱點，慕名前來的人流如鯽。因此橋上不單可以見到紅衣僧侶或是當地居民行經，也有個別的遊客倚欄獨處，或者一群遊人嘻笑共行，當然更少不了情侶們的親暱依偎。

烏本橋的魅力令人難以抵擋，我認為這裡是緬甸最有文藝氣息的地方了，雖然乍看之下樸實無華，卻又餘韻十足。儘管只是尋常的人與物，在此處的結合卻帶來歲月靜好的氛圍，若非親臨其境，實難用筆墨形容其中的美好與感動。在四天的時間內，我先後來到橋邊三次，更兩度乘搭燕尾小艇，讓船夫划至湖中心，一邊守候著日出日落，同時觀看漁民一次又一次撒網撈魚的高超技術。以烏本橋交錯的木樁為背景，呈現一種奇妙而另類的夢幻畫面。尤其在日落時分，霞光染紅了雲彩和湖面，金黃色的落日在木橋後方徐徐降下，襯著湖畔的佛塔、在田裡忙於農事的農人和養鴨人家，道地的田園風光令我戀戀不捨，直想留住這唯美動人的一剎那。難怪旅遊人士會將此評為「世上十大最美日落地」之一。

橋附近有幾間絲綢和漂染的手工作坊，也有銀器作坊，最特別的是製作金葉子，也就是金箔的作坊，工人將黃金經過處理後打造成一片片的金箔，專門提供信徒為佛像貼金、祈福之用。我想除了緬甸之外，估計在其他國家就找不到這類的專門服務了。

↑漂染作坊

↑金箔作坊

↑絲綢作坊

↑漂染作坊

乘搭燕尾小艇等待欣賞日落

烏本橋的落日美景

漁夫撒網捕魚與落日相映成趣

緬甸北部盛產玉石，曼德勒作為緬北重心城市，有「世界玉都」之稱，這兒的玉石市場為全國最大，工人們在礦山上開採玉石後，直接運往這裡進行打磨加工和售賣，產地價錢通常較為便宜合理，很多中國的珠寶商都會不遠萬里越境前來採購。

這個市場的規模有如三個足球場那般大，但設備卻很簡陋，類似菜市場的擺賣攤位，賣方大多席地而坐，等著客人上門淘寶，討價還價一番。攤位販售的玉石按品質檔次劃分在不同的區域，靠外邊的貨色一般，越往內深入的就越是精品。整個市場熙熙攘攘，人來人往，相當熱鬧。還有不少掮客在市場裡來回走動，他們身上背了個挎包，裡面

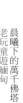

↑人潮滿滿的玉市場

裝著各種不同規格和品質的玉石，如果發現合適的人，就上前搭訕，兜售包裡的「珍品」。遇到認真的潛在客戶，就會領到一邊細看慢談，價格也是天壤之別。

我本身喜歡收藏玉石，在這裡可說是如魚得水、不勝歡喜。然而導遊勸說表示緬甸政府當局已開始禁止未經打磨的玉石出口，我只好按捺大肆採購的想法，最後多少買了些心頭好，作為此行的紀念。

不過還是要忠告各位朋友，若僅止於喜歡，而不懂得鑑別和殺價，建議千萬不要輕易下手。最好有懂行的朋友帶著，多看多學，慢慢積累經驗，才不致買到劣品。

僧侶之路

在曼德勒一帶，遇到僧侶的頻率要大過一般民眾，每日都能夠見到赤足的僧人手持盆缽化緣，有的獨自成行，或三兩結伴。

作為不折不扣的佛教國家，緬甸的民眾將禮佛視為人生大事，布施也是其中重要的一環。當地人一早就做好飯食，在家門口等候化緣的僧侶。聽導遊說，僧侶們會禮貌地走

↑小沙彌排成一列，往飯堂移動

到民眾的家門前，停留時間不會超過五分鐘，若沒有人布施的話，就會默默地離開，轉往別家。

不過有些知名僧院的僧侶甚至無須外出化緣，布施的善長仁翁每天會按時捐贈齋飯，僧侶們排隊等候領取，例如馬哈伽納揚佛學院（Maha Ganayon Kyaung）就已經成為一處觀看整個布施儀式的知名場所了。

馬哈伽納揚佛學院位於阿馬拉布拉，距離烏本橋不遠，據說是全緬甸

↑僧侶們接受兩旁民眾的布施

最大的僧院，約有兩千位僧侶在此修行，被稱為「千人和尚寺院」，從十歲小沙彌到六十幾歲的大住持都有，其中不乏高僧大德。他們來自不同地方，有富亦有貧，不過對於貧困地區的兒童來說，佛學院是一處免費受教育的學習場所。我之前曾經提過，緬甸每位男性一生都至少必須出家一次，到僧院內學習佛法，遵守佛門戒條，經過這樣的學習，才能受到社會的認可與尊重。出家甚至可以不只一次，也就是出家之後可以還俗，之後再度出家；出家的時間亦可長可短，有的超過十年之久，短則幾個月甚至一、兩星期皆可。僧侶還俗後就如常人一樣享有結婚生子的權利，最後選擇皈依佛門、終身當僧侶專心潛學的也大有人在。

由於我提前來到佛學院，時間猶有餘裕，便參觀起周遭的環境。學院裡種有諸多龐然大樹，多棟由善信捐獻的建築掩映在一片綠色中，靜謐閒適的氛圍，的確很適合潛修。這些房子基本都是兩層樓高，構成教室、辦公室、寢室，以及獨立的廚房等等。房子的風格、造型和顏色各異，其中當然也包括純粹的緬甸建築風格，室內鋪上地毯，學員們大多席地而睡，生活刻苦。

我閒逛的時候，在學院的各個角落發現學員們或是誦經，或是佛學交流。有些小沙彌尚且年幼，不改稚氣，到處奔跑，甚至與我拍起造型照來，氣氛和樂，讓我心情很自然地放鬆下來。

大約早上十時半後，聞名的「千人僧飯」就要開始，我也提前占據好位置，遊客魚貫聚集起來，等候儀式展開。其實，進餐本來是一件再普通不過的尋常事，只是因為馬哈伽納揚佛學院僧眾達幾千人，又是集體就餐，使得尋常事變得壯觀起來，更吸引世界各地旅客的圍觀驚嘆。

↑年長或修為較高的高僧坐在圓桌用餐

↑僧侶們用餐時都未交談，專心用餐

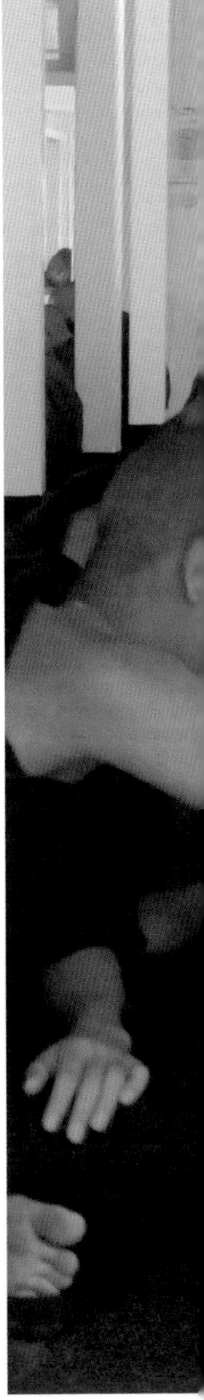

在前往飯堂的路上，僧侶們整齊地排成兩列，從六、七歲身穿白袍的小沙彌，到二、三十歲的紅袍僧人，一律赤著雙腳，手捧僧缽，井然有序地緩緩移往飯堂，並陸續向守候在飯堂前布施的善信行禮致意。他們默不作聲，表情從容平靜，相較道路兩旁圍得水泄不通的各地遊客，各種相機長槍短炮此起彼落的劈嚓聲，如同兩個完全不同的世界。

我也是舉著相機猛按快門的一員，這一刻卻不禁感到迷惘。我們這些外地人彷彿在看一場表演，但這些僧侶卻並非演員，這是他們真實的生活，卻被我們這些「俗人」無禮蠻橫地干擾他們的平常生活，也造成他們的尷尬，這實在不是一種尊重的行為，更是破壞了佛門的清靜。

待僧人們魚貫進入飯堂後，我從堂外觀察到，全體僧侶領到布施後，是同時開始進食，而且切實執行「食不語」，在飯桌上並未相互交談，專心進餐。導遊說明，較年幼和初級的僧侶都在一排排的桌子用餐，年長或修為較高的高僧住持則圍坐在圓桌用餐，無須排隊等候，桌上的菜色也較為豐盛。

佛家有「過午不食」的規矩，僧侶們的就餐時間極短，且不得超過正午時分。集體進餐的半個小時之後，已經陸續有僧侶離開飯堂，各自忙於學習、修行等事務，今日的「千人僧飯」也告曲終人散。

曼德勒周邊古城

阿馬拉布拉以南的茵瓦古城有著悠久歷史，在一三六四年到一八四一年間，包括阿瓦王朝（Kingdom of Ava）、東吁王朝（Taungoo Dynasty）和貢榜王朝都曾以她作為首都。當地原本留下不少阿瓦時代的遺蹟，奈何受到地震和二戰時期的破壞，使得古城大多僅存殘磚碎瓦，散落在鄉間小路旁、農田阡陌中，或是綠蔭如蓋的林木之間。

導遊提議，想要在這兒尋找失落王朝的遺蹟，最推薦的方式就是搭乘當地以牛、馬拉動的TAXI。我接受了他的建議，由馬車帶著我搖搖晃晃穿梭在兩旁是參天古樹的林蔭小路，探訪王朝遺留下的歷史痕跡，別有一番趣味。

首先來到一座古色古香的柚木寺院。寶迦雅寺（Bagaya Kyaung）與曼德勒城內的金色宮殿柚木寺同樣全由柚木建成，總共有二百六十七根柚木柱支撐這座寺院，其中一根柱子高達十八米，約三米粗。最受人注目的，非寺院內那些精雕細琢的彩繪圖案莫屬了，無論是花草、動物或是人物的雕刻，細密繁複的花紋讓人讚嘆。寺院如今變成了學堂的功能，是小沙彌們學習的場所。附近一帶雜草叢生，一些古代的遺蹟就這麼被掩藏起來，顯得特別荒涼滄桑。

導遊說，過去貢榜王朝的巴基道王（King Bagyidaw，又稱實皆王或孟既王）在這兒所建的王宮已所餘無幾，除了少數斷垣殘壁外，王宮絕大部分的建築早就湮滅在叢林中，唯一碩果僅存的南明瞭望塔（Nanmyin Watch Tower）變成一座孤立在平原樹叢間的斜塔。瞭望塔高約二十七米，若登上塔頂，整座茵瓦古城遺址盡在眼底。然而一八三八年（有一說是一八三九年）的一場地震波及，導致塔身傾斜，加上日久失修，恐隨時有倒塌的風險，為了安全起見，目前已加以關閉，禁止旅客登塔，只能在塔前觀賞昔日王朝的建築。

↑茵瓦古城的南明瞭望塔

斜塔後方有一座古寺院——瑪哈昂美寺（Maha Aungmye Bonzan Monastery），同是貢榜王朝的產物，由巴基道王的王后Nanmadaw Me Nu於一八一八年（有一說是一八二二年）所建，作為高僧Nyaung Gan Sayadaw的居所。特別之處在於它是磚石結構，與一般木造建築不同。尖塔的部分與柚木寺外形類似，帕雅塔（Pyatthat）形式的屋頂一層疊一層，總共有七層設計。外牆呈現淡淡的黃色，建築樣式繁複而精美，還有不亞於木雕的細緻雕花圖案，寺院整體猶如一件藝術品，是貢榜王朝寺院建築代表之作。

↑↓磚石結構的瑪哈昂美寺

↑瑪哈昂美寺的內部長廊
↓瑪哈昂美寺建築的細緻雕花襯著附近的金色佛塔

另外兩座古城敏貢與實皆都在伊洛瓦底江的對岸，要想前往，得先渡江而過，有兩條路線供選擇，一是乘車過江，其次則是搭乘渡輪。我選擇了乘車，以便從橋上觀賞江面與兩岸風光。

跨江大橋共有兩座，一新一舊且互相平行。其中較為古舊的「阿瓦橋」是一九三四年由英國人建造，屬於火車、汽車和行人共用的大橋。阿瓦橋在二戰時期發揮了很大的作用，當年大批中、英、美盟軍和緬甸難民經由此橋撤退到中國和印度境內，大橋部分結構在二戰時摧毀，緬甸獨立後才加以修復。在新橋建造之前，它一直是唯一的跨江大橋。橋頭的附近有座堡壘遺址，是貢榜王朝為了抵擋英軍侵略所建的防禦工事，目前遺址還保留了幾尊古老的鐵炮和隧道。此刻剛好一列火車越過鐵橋，發出隆隆巨響，彷佛向當年抗英和抗日的緬甸軍民致敬，緬懷他們奮勇禦敵的事跡。

新橋則是伊洛瓦底大橋（Ayeyarwady Bridge），又叫Yadanabon大橋，由中國企業承造，二〇〇八年才完成啟用。鋼結構的設計，承載量和寬度遠遠超過原來舊的阿瓦橋。新橋中央為車輛使用，兩側可供行人通行。我站在橋頭觀景台上，眺望對岸堪稱佛教名山的實皆山（Sagaing Hill），山上林木繁盛，且點綴了許多依山而建的佛塔和寺院，金色與白色的建築錯落有致。低頭看去，江邊停泊著不少等候接載乘客和運貨的渡輪。江水靜靜流淌，時間也彷佛慢下了腳步。忽而一股清風迎面拂來，沁人心脾，此情此景，再愜意不過了！

↑鋼骨結構的伊洛瓦底大橋　↓從橋頭觀景台上欣賞伊洛瓦底江風光及對面的實皆山

旅遊敏貢古城，我同樣選擇搭乘TAXI馬車。沿著河邊小徑，緩緩走進古城的地界。現在的敏貢是河邊小村，卻擁有獨特的佛塔和傲人的古文物遺蹟。

首先映入眼簾的是一座龐然磚砌建築，敏貢佛塔（Mingun Paya）為貢榜王朝孟雲王（波道帕耶王）的遺作，自一七九〇年開始建造，按國王原本的計畫，將建成高約一百六十米的巨型佛塔，怎料國王在一八一九年一命嗚呼，建造工程因而中斷，宏願未能達成，否則佛塔勢將成為當時世界上最大的磚砌佛塔了。禍不單行，一八三八年的地震更進一步使佛塔毀壞傾塌，徒留約五十米高的塔基部分，以及數道明顯的裂痕。佛塔右側有一條往上的階梯，原本是通往塔基的頂端，然而二〇一六年的地震之後，為了安全起見，已經封閉不准進入。不過仍有不少人陸續往上爬，或許是為了登高望遠。不過我望見階梯既高且直，其上又覆滿砂石，為免意外發生，就放棄走上去的打算了。

按緬甸寺院的習慣，寺前都有一對半獅半龍的守護神辛特，敏貢佛塔亦不例外，留有一對巨型辛特。不過這對辛特的損毀程度更甚於佛塔本身，前半部已經崩塌，僅存臀部一截巨大的殘肢，堅持不懈地守護著「半成品」敏貢佛塔。

胸懷壯志的孟雲王既想要建世界最大的佛塔，又鑄造了巨大的「敏貢大鐘」。大鐘距離敏貢佛塔不遠，原先打算放於敏貢佛塔內，卻因佛塔一直沒有完工，便改放置在如今的位置。巨鐘鑄造於一八〇八年，高三點九米，最大直徑為五米，重九十多噸，一度是世界上能正常運作的青銅巨鐘中最重的。這個世界紀錄一直維持到二〇〇〇年中國河南重達一百一十六噸的世紀吉祥銅鐘面世，才宣告打破。旅客可以親自體驗敲鐘祈福，另外還可以如我一般鑽進鐘底，感受被震耳欲聾而迴盪的鐘聲所包圍。

↑重達九十多噸的敏貢大鐘

↑敏貢佛塔只剩塔基部分　↓守護神辛特前半部已崩塌，只剩後半部

↑潔白無瑕的欣畢梅塔

巨鐘更過去一些，出現在面前的是座潔白無瑕的佛塔。欣畢梅塔（Hsinbyume Paya）建於一八一六年，共有七層塔基，特別的地方在於每層塔基的欄杆呈現波浪狀，如同一片白色的海洋，也有人認為它特殊的造型就像是座奶油蛋糕塔。事實上這七層塔基代表的是佛教宇宙中心須彌山（Mt. Meru）的七座主峰。據說巴基道王建造這座佛塔是出於思念他的第一任王妃，因為難產過世的白象公主。這竟然與印度的泰姬陵毫無二致，又是一齣皇家的愛情故事。然而，「七重天」的白塔也無法倖免於一八三八年的地震中，直到一八七四年敏東王時期才加以修復。

敏貢村落中尚有不少僧院，既是修行的地方，又是居所。對於我的登門造訪，僧尼們都熱情地接待，向我介紹他們的修行狀況。我見此處的生活環境相當清苦簡單，卻未影響到他們誠心向佛的精神，令人打從心底佩服不已。

遊覽途中，我與一群德國旅客不期而遇，便和他們一道探訪一所佛教男女小學。這所學校是由政府和民間共同資助，提供免費教學，如今有學生三千一百多名、任教職工七十七名。學生看起來都來自貧困的家庭，不管是學習的課本和用具等，資源都很匱乏，學校設施也相當簡陋，辦學條件艱苦。但這些孩子們的臉上絲毫沒有表現出困苦生活造成的煩惱或傷感，依然帶著燦爛笑容，每個人看來精神奕奕，樂觀豁達。或許是因為他們童真的本質，也或許是從小耳濡目染的佛教信仰所造就。在這裡任教的老師也殊不容易，不僅認真為三千多位學生授課，還得照顧他們的起居飲食，工作繁重，展現敬業樂業、任勞任怨的精神。

↑當地親切的僧尼

↑佛教小學的上課情形　↓街頭常見小沙彌　↓佛教小學的教室

↑以千噸翡翠建造而成的翡翠佛塔　↑烏敏同佛塔內一字排開的石雕佛像

↑烏敏同佛塔外牆以粉嫩色彩搭配金色裝飾

行程已接近尾聲，我拖著疲憊的腳步最後登上了實皆山（Sagaing Hill）。十三世紀時，這裡是撣邦的首都，古城佛塔寺院成群，導遊認為這是蒲甘之外，緬甸另一個最富佛教氣息的地方。

烏敏同佛塔（Umin Thounzeh）位於實皆山的山腰間，是座沿著山壁修築的寺院，寺院前有條新月形的平台長廊，造型特殊。從平台上可以環顧四周綠意盎然的山丘，俯瞰山下蜿蜒的伊洛瓦底江。

↑翡翠佛塔內有許多以玉石雕塑而成的佛像

進入石窟式的寺院內，裡面四十五尊模樣非常相似的石雕彩繪佛像一字排開，頗為壯觀。室內的背景以綠色為基調，牆壁和地板用拼貼的方式呈現，色彩斑斕。外牆則是粉嫩的色彩搭配金色裝飾，清新中帶點華麗感，非常悅目。

回程途經一座近年才興建的翡翠佛塔，整座佛塔包括基座全部由翡翠玉石建成，耗費超過千噸翡翠，未使用半點磚塊。單是毛料的價值，就超過十億臺幣，更別提還有切工與雕刻等費用，真的是非同小可，價值連城。據導遊的解說，一位虔誠的佛教徒白手興家為玉礦及玉石貿易的老闆，發家致富後，自資興建佛塔，使用的玉石是他花了二十五年時間收集A、B、C、D四種級別的翡翠。塔內有一長廊介紹這位善信發跡和建塔的艱辛歷程，非常感人。該塔目前仍在擴建階段，假以時日，必然會成為當地一處著名的佛教聖地。

受時間所限，我不得不結束古城的行程，折返曼德勒市區。為了不辜負導遊拳拳盛意的邀請，我們來到江畔酒店的頂層露天酒吧，休息一番。此刻夕陽西下，伊洛瓦底江面上又上演一幕日落的美景。天際間忽然出現一群群候鳥，自遠而近，振翼前行，場面非常壯觀。

鏡頭永遠無法取代當下的感受，絢爛的佛教文化和信仰養育了虔誠淳樸的緬甸人民，特殊的歷史背景使得這個國家在外界眼中依然帶有一層面紗，並獲得「亞洲隱士」的外號。在全球一體化的趨勢下，曾經的封閉鎖國，到現在的逐步開放，正向世人清晰傳達一個訊息：歡迎到這個國度一探究竟。

緬甸，未到過的朋友們，請務必來走一趟！

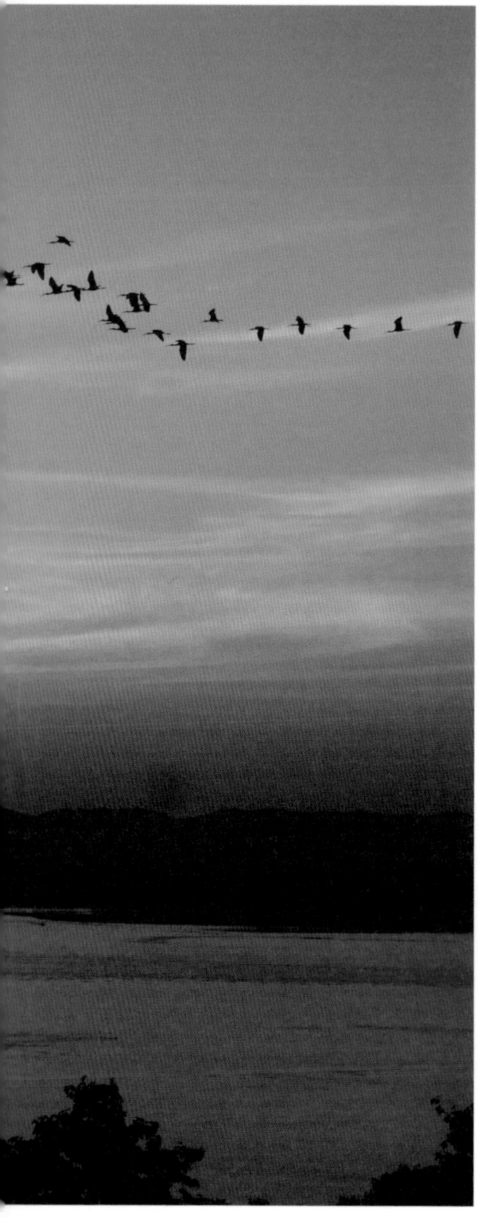

↑候鳥群與落日相映

國家圖書館出版品預行編目資料

晨曦下的萬千佛塔：老玩童遊緬甸／鄧予立
著. --初版.--臺中市：白象文化，2020.1
面； 公分.——（鄧予立博文集；12）
ISBN 978-986-358-926-6（精裝）
1.遊記 2.緬甸
738.19 108019990

鄧予立博文集（12）

晨曦下的萬千佛塔：老玩童遊緬甸

作　　者　鄧予立
校　　對　鄧予立
專案主編　陳逸儒
出版編印　吳適意、林榮威、林孟侃、陳逸儒、黃麗穎
設計創意　張禮南、何佳諠
經銷推廣　李莉吟、莊博亞、劉育姍、李如玉
經紀企劃　張輝潭、洪怡欣、徐錦淳、黃姿虹
營運管理　林金郎、曾千熏
發 行 人　張輝潭
出版發行　白象文化事業有限公司
412台中市大里區科技路1號8樓之2（台中軟體園區）
出版專線：（04）2496-5995　傳真：（04）2496-9901
401台中市東區和平街228巷44號（經銷部）
購書專線：（04）2220-8589　傳真：（04）2220-8505
印　　刷　基盛印刷工場
初版一刷　2020年1月
定　　價　299元